Danksagung:

Da ja heutzutage kaum ein Buch ohne Danksagung auskommt, möchte auch ich nicht aus der Reihe tanzen. Darum danke ich an dieser Stelle meiner Frau, die durch ihre deutlich verträglichere Art der Tyrannei eine deutliche Verbesserung meiner Lebensqualität herbeiführte. Gleichzeitig möchte ich meiner Hoffnung Ausdruck verleihen, dass meine Tochter sich nicht der Mühsal, knapp 200 Seiten über ihren Vater niederschreiben zu müssen unterziehen möchte.

Über den Schmmierfinken der folgenden Zeilen:

Ralf Bielenberg, Sohn des Haupthelden folgender Geschichten, wenn nicht versehentlich nach der Geburt verwechselt, ein These, die kontinuierlich wiederkehrend thematisiert wurde. Mittlerweile 60 Jahre alt / also 1958 geboren) das wäre dann auch so ziemlich alles Positive zum Schreiber , bzw. über den Rest will ich lieber nix sagen.

Inhalt

Neben der Tatsache, dass kaum ein nennenswerter Inhalt in den folgenden

Seiten zu finden ist, werden die einzelnen Geschichten natürlich auch noch völlig unstrukturiert und ohne jeden erkennbaren roten Faden erzählt.

Es gibt allerdings eine grobe zeitliche Ordnung.

Der Küchentisch

Das titelgebende Möbelstück, Teil eines aus dem Tisch selbst, einer Küchen-Eckbank und zwei Stühlen bestehenden Ensembles optisch eher unansprechender Möbel. Auf dem kurzen Teil der Lförmigen Eckbank pflegte Colonia Jupp Hof zu halten. Dort labte er sich nach des Tages harter Arbeit an den dargebotenenen Speisen, dort spielte er den Inquisitor, den Richter und letztendlich den Tyrannen und Herrscher über seinen Sozialwohnungsstaat. Dieser Platz auf der kurzen Eckbankseite hatte zudem den unbestreitbaren Vorteil der kürzesten Verbindung zwischen dem Ort der Nahrungsaufnahme und dem Ort der Entsorgung. Um die Zeit, die man brauchte, vom Küchentisch bis zur unmittelbar neben der Küche gelegenen Toilette/Badezimmer auf ein rekordverdächtiges Niveau zu minimieren, verzichtete Jupp gerne darauf, die Badezimmertür zu schliessen, bevor er sich mit dem nötigen Ernst dem dort installierten Keramik-Ensemble widmete. Da die Küchentür sowieso immer offen stand, bekamen damit alle anderen noch am Küchentisch Verweilenden, die noch dabei waren, ihr Abendessen in sich zu schaufeln, somit eine genaue akustische und olphaktorische Vorstellung der Fortschritte im benachbarten Badezimmer geboten. Nach einiger Zeit, die Jupp dank seiner Fähigkeiten, mehrere Tätigkeiten gleichzeitig auszuführen, in der Regel nutzte, neben seiner Darmentleerung noch wichtige Artikel im Express, der neuen Revue oder der Praline zu studieren, kündigte sich seine Rückkehr an den Küchentisch für alle hörbar durch die Toilettenspülung an. Zufrieden mit sich und der Welt machte sich Jupp dann daran, am Küchentisch sitzend seinen Elektrorasierer in Gang zu setzen. Alternativ hatten die mittlerweile recht grüngesichtigen am Tisch Sitzenden manchmal das Vergnügen ansehen zu dürfen, wie Jupp mit einer speziell zur Nagelbearbeitung bestimmten Zange, seine Fussnägel schnitt. Gar lustig war es, zu erraten, in welche Richtung die gekappten Nägel davon flogen. DAS war das Szenario eines normalen Abends in Jupps Küche. Unangenehmer waren die Tage, an denen Jupp danach war, den Untertanen mal wieder zu zeigen, wo der Hammer hing. Die heilige Inquisition des finsteren Mittelalters war vergleichsweise ein harmloses Witzchen gegen die finstere Mine Jupps, mit der er bohrende Fragen stellte, auf die man tunlichst gute Antworten gab, wollte man das Privileg des Fernsehens nicht verspielen. Und wer wollte schon darauf verzichten, die Sportschau sehen zu dürfen.

Auch die aktuellen schulischen Leistungen - oder in meinem Fall das Ausbleiben derselben - wurde am Küchentisch zum Abendessen thematisiert, meist endend mit einigen Anmerkungen über meinen Hintern in Verbindung mit Jupps rechtem Fuss. So war also tatsächlich der Küchentisch in unserem Heim der zentrale Ort, an dem sich das Familienleben abspielte. Heutzutage weiss man ja leider gar nicht mehr, wie wichtig und wohltuend solch ein Möbelstück für den sozialen Zusammenhalt sein kann, man fast täglich mitgeteilt bekommt, was man zu tuen und zu denken hat, solange man seine Füsse unter Denselben stellt. Stilsicher und im Bewusstsein der eigenen Klasse vermittelte Jupp hier, was als normal anzusehen war, wie lang man die Haare zu tragen hatte, welche Musik man gut zu finden hatte, welchen Ausbleichungsgrad die Blue Jeans höchstens haben durfte, welche Hobbys man haben sollte und dergleichen lebensnotwendige Informationen. Zur Bekräftigung seiner Ausführungen durfte man sich dann noch anhören, was Jupp alles erreicht hätte wenn er denn in unserem Alter die gleichen Chancen geboten bekommen hätte, die wir hatten. Schade dass er sie nicht gehabt hatte, denn als Sohn des Bundespräsidenten im Schloss Bellevue aufzuwachsen wäre sicher toll gewesen - und der Küchentisch wäre dort wohl auch erheblich grösser gewesen. So aber war es nur ein Küchentisch normalen Ausmasses mit heller Resopaloberfläche, aber immerhin genug Platz darunter um das Privileg zu geniessen die Füsse drunter stellen zu dürfen. Zu einem echten Küchentisch-Eklat kam es eines Abends, als ich mich gerade anschickte, meine Füsse mal wieder unter Jupps Tisch zu stellen. An diesem bewussten Abend nun trug ich meine neuen Stiefel für die ich des Abends zuvor Geld bekommen hatte. Wahrscheinlich war aber meine Beschreibung der Lederware eher vage ausgefallen. Jedenfalls schien sich an angesichts meiner neuen Fussbekleidung eine gewisse

Überraschung in der Küche auszubreiten. Tatsächlich waren die Teile giftgrün und auf der Oberseite jeden Stiefels war mit Srasssteinen eine Palme aufgesetzt. Als unauffällig oder gar dezent konnte man die Dinger also wirklich nicht bezeichnen. Gut ich würde wohl aus heutiger Sicht eine erheblich höhere Toleranzschwelle gegenüber kritischer Anmerkungen sowohl hinsichtlich der Farbe wie auch der Applikation der nur mässig dezenten Fussbekleidung an den Tag legen. Aber Jupps Reaktion auf die Stiefel übertraf deutlich meine hochgesteckten Erwartungen. Ein gut gezielter Hieb mit einem Baseballschläger mitten in die Kronjuwelen hätte wohl eine vergleichbare Wirkung gezeigt. Seine Augäpfel schienen den enormen Drang zu verspüren die Augenhöhlen ruckartig zu verlassen so dass man unwillkürlich an die Zeichentrickfilme mit Tom and Jerry denken musste wenn jemand der Katze mächtig auf den Schwanz getreten war. Seine sonst eher laute und herrisch anmutende Stimme wirkte plötzlich etwas heiser und ich begann über das Thema Herzinfarkt zu grübeln. Nach einiger Zeit dann normalisierte sich aber der Gesichtsausdruck wieder. Dennoch zeigte sich Jupp stark überfordert in der Aufgabe, nun mit den der Situation angemessenen Repressalien zu kontern. So blieb es dann stattdessen bei Beleidigungen, einigen Anmerkungen darüber dass man mich wohl im Krankenhaus verwechselt habe und dergleichen mehr. Ich nehme an ihm,die Farbe grün hielt er für unpassend zu blauen Jeans.

Colonia Jupp
und das Reich der Demütigungen

Zur Vorgeschichte - also zur Geschichte, bevor ich das Licht der Welt erblickte und den dornigen Weg als Sohn des Colonia Jupp zu beschreiten. Wie zu erwarten waren auch an meiner Zeugung insgesamt ZWEI Personen beteiligt. Eben besagter JUPP und ferner in einer wohl eher unwichtigen Rolle meine Mutter. Nun muss man sich einmal ganz klar vor Augen halten, dass im Zeitraum meiner Zeugung bzw. der Anbahnung des dazu nötigen Aktes die Menschen weder über Smartphones, PCs, E-Mails oder Facebook verfügten. Einen Meister sozialer Kompetenz wie Colonia Jupp konnte das natürlich nicht aufhalten. Begünstigt durch die Tatsache, dass meine spätere Mutter im selben Mietshaus in Köln Kalk wohnte, in dem Colonia Jupp im Parterre bei seinen Eltern residierte und Jupp ausserdem in der Lage war auf zwei Fingern zu pfeifen, wenn ein weibliches Wesen an der Kirchengartenmauer vorbeiflanierte, an der er sich gerade seinen Hintern plattwetzte, kam es irgendwann dann wohl zu einer wie auch immer gearteten Verständigung zwischen meinen Erzeugern. Ein paar Grunzlaute später, irgendwann im Jahr 1957 kam es dann wohl zu dem Ereignis, welches mangels Anti-Baby-Pille (gab es auch noch nicht und hätte eine so streng katholische Frau wie meine Mutter auch nicht eingeführt) mich zur Folge hatte. Im Januar 1958 dann erfolgte meine Geburt und ich konnte einen ersten Blick in die mich umgebende Welt werfen. Mein erster Blick offenbarte einen weit verbreiteten Irrtum - Der Kreisssaal war keinesfalls rund. Der zweite Blick offenbarte mir, ein Umstand für den ich im Nachhinein nur dankbar sein kann, die Abwesenheit meines Erzeugers. Für die im Sankt-Josephs Hospital Köln Kalk arbeitenden Nonnen wäre es völlig undenkbar gewesen, den Vater des im Geburtsvorgang befindlichen Kindes dabeisein zu lassen. Mein erster Schrei war also keine Reaktion auf den kritisch unzufriedenen Blick aus Jupps krassgrauen Augen. Andererseits könnte man natürlich behaupten, dass die Anwesenheit des Erzeugers spätere gehässige Bemerkungen dahingehender Natur, dass man mich im Krankenhaus versehentlich verwechselt hätte unterbunden hätte. Dem entgegen steht allerdings dann die Tatsache, dass die definitive Anwesenheit meiner Mutter während des Geburtsvorgangs nicht dazu geführt hat, mir diese als ultimative Gehässigkeit gedachte Bemerkung während meiner gesamten Kindheit und Jugend zu ersparen. Aber egal, mit der Zeit habe ich mich damit abgefunden, dass keine Verwechslung stattgefunden hatte. Jedenfalls bekamen meine Eltern den Zuschlag und ich wurde wenige Tage später verschleppt und musste damit zurechtkommen. Danach wurde alles immer schlechter, bis ich die elterliche Bevormundung durch die eheliche Bevormundung ersetzen konnte. Seitdem wurde dann alles besser.

Die ersten Jahre

Kapitel 1

Anfang 1958 also, genauer gesagt im Januar des Jahres wurde ich also in Köln-Kalk geboren. Es gibt das Geburtshaus von Goethe, von Beethoven und so manch anderer berühmten Persönlichkeiten, erkennbar meistens an einer mehr oder weniger aufwändig gestalteten Messingplakette, auf der auf den Umstand der Geburt der jeweiligen Persönlichkeit hingewiesen wird. Mein Geburtshaus war das katholische Krankenhaus in Köln-Kalk. Es war wohl sicher nur ein Zufall, dass es sich dabei um das katholische Sankt-Jupp-Hospital (oder eigentlich St.Josef-Hospital) handelte. Eine Plakette aus Messing, Weissblech oder Alufolie gibt es auch nicht, was wohl in erster Linie daran liegt, dass ich im Vergleich zu Göthe, Beethoven und Otto Waalkes ein nicht unerhebliches Defizit betreffs des Popularitätsgrades aufzuweisen habe. Aber wenn es eine entsprechende Plakette gegeben hätte, wär sie nun ohnehin futsch, denn das Hospital schloss im Jahr 1979 und wurde jüngst in 2015 abgerissen. Getauft wurde ich damals gleich an Ort und Stelle in der Krankenhauskapelle, die den Charme eines Wartezimmers in einer proktologischen Praxis hatte (Die Kenntnis über die liebevoll gestaltete Kapelle erlangte ich knapp neun Jahre nach meiner Geburt bei der Taufe meines Bruders). Bei dessen Geburt kam es übrigens aus leicht zu erkennenden Gründen zu keinerlei Verwechslungen auf der Säuglingsstation. Zurück zu meiner Geburt: Meine Eltern galten beide nicht als bibelfest, besonders religiös oder sonstwie spirituell vorbelastet, und so nimmt es im Nachhinein etwas wunder, warum man eine derartige Eile an den Tag legte, das neugeborene Kind im Kreis der getauften Katholiken einzuführen. Vielleicht versuchte man sich auf diese

Art, sich vor dem Ausrichten einer Feier zu drücken, die ja fällig gewesen wäre, wenn man die Taufe erst später in der Gemeindekirche hätte vornehmen lassen, die sich selbstverständlich gleich neben Jupp   zu diesem Zeitpunkt aktueller Adresse befand und natürlich Sankt Josef hiess und immer noch heisst . Die ist im Gegensatz zum St.Josef Hospital noch nicht abgerissen worden. Vielleicht versuchte man aber auch nur, dem Krankenhauspersonal,   welches   zum grossen Teil noch aus katholischen Nonnen bestand, zu zeigen was für unglaubliche Vorzeigekatholiken meine Eltern waren. Nun muss man schon anerkennen, dass meine Eltern den fundamentalen   Grundsätzen   des Christentums   recht   aufgeschlossen gegenüber standen. So zum Beispiel dem Grundsatz „Liebe deinen nächsten wie dich selbst". Zumindest der zweite Teil dieser   Aussage   war   die Lebensphilosophie Nummer 1 für meine Eltern. Jeder von ihnen liebte sich selbst über alle Massen und da sie stets nach dem Motto agierten „jeder ist sich selbst der Nächste", liebten sie mithin also auch   stets   den   Nächsten   über   alle

Massen. Wie dem auch sei, ich war also schon zwei oder drei Tage nach meiner Geburt getauft und damit Angehöriger der katholischen Sekte. Der Grad meiner aktiven Glaubensausübung hat sich seit dieser Zeit praktisch nicht geändert. Beide Elternteile waren eher schlichten Gemütes, obwohl zumindest der Vater des Neugeborenen eine Art Supermensch war oder sich zumindest stets dafür hielt. Leider hatten die Umstände, die Gesellschaft, der zweite Weltkrieg oder sonst irgendetwas verhindert, dass er die ihm eigentlich vom Schicksal zugedachte Karriere als Staranwalt oder Oberstudienrat erleben konnte und so musste er sich mit einer schlichten Lehre in einer Schreinerei zurecht geben - warum auch nicht, schliesslich gibt es ja in der Geschichte des Christentums schon einen Schreiner namens Josef, der in der einen oder anderen Art und Weise von sich reden gemacht hatte, obwohl dessen glanzvollste Auftritte ja wohl darin bestanden hatten, sein Unvermögen bei der Beschaffung einer anständigen Reiseunterkunft zu demonstrieren um dann seiner hoch schwangeren Gattin einen schlichten Stall zuzumuten. (vielleicht hatte er auch nicht so die rechte Motivation aufbringen können, ihr mehr Luxus zuzugestehen, da er sich gar nicht daran erinnern konnte, sie in dem ungefähren Zeitpunkt der Empfängnis gevögelt zu haben - schon allein wegen des ständigen geistlosen und esoterischen Gesülzes seiner Gemahlin über irgendeinen sogenannten „heiligen Geist" in dieser Zeit. Bei der aktuellen Empfängnis, von deren Endergebnis hier die Rede sein soll, ging jedenfalls alles garantiert geistlos zu. Ich bekam nach verschiedenen conträr geführten Diskussionen auf des Vaters Wunsch oder Befehl hin den Namen Ralf. Familientraditionen gemäß hätte der Name eigentlich Josef oder Jupp lauten müssen, aber zumindest das hatte das Veto der Kindesmutter Anneliese verhindert. Eventuell hatte Jupp aber auch schon gleich nach der Geburt mit Kennerblick erkannt, dass ich mich des erlauchten Namens nicht als würdig erweisen würde. So blieb mein Vater also der letzte Jupp in der Familie, lange Zeit später bekannt unter dem Namen Colonia-Jupp. Meine Eltern wohnten zunächst nach Ihrer Hochzeit, die erst kurz vor meiner Geburt zelebriert wurde (siehe hier auch wieder die enorme Bibelfestigkeit) bei den Großeltern väterlicherseits in einem Zimmer einer über insgesamt drei Zimmer und eine Wohnküche verfügenden Wohnung. Das Badezimmer habe ich bei dieser Aufzählung nicht etwa vergessen, es gab einfach keins. Das Haus hatte, obwohl es rings herum auch während der Folgejahre noch eine Menge Trümmergrundstücke gab, den Krieg einigermassen heil überstanden, aber ein Badezimmer hatte man in den Wohnungen leider nicht vorgesehen. Aber, so muss man schon positiv anmerken, gab es eine Toilette mit Wasserspülung, fliessend Wasser in der Küche und Strom. Sich waschen konnte man also praktisch nur in der Küche und ich kann es mir als eine einigermaßen originelle Szenerie vorstellen, wie gerade ein Familienmitglied mit einem Block Kernseife in der Hand versucht, ein wenig Schaum im Genitalbereich zu erzeugen während ein anderes Familienmitglied daneben steht und in der köchelnden Kohlsuppe rührt. Lange hatten aber diese Wohnverhältnisse nicht Bestand, denn die junge Familie zog alsbald von Kalk nach Vingst, wo gerade ein neues Wohngebiet für Asoziale entstanden war. Vielleicht war es ja nicht als Solches geplant, aber genau das war nach 20 Jahren des Wohnens in diesem Stadtteil der Eindruck, der sich unausweichlich aufdrängte.

Wohnungseinbrüche, Schlägereien allabendlich auf offener Strasse, brennende Autos und so weiter lieferten diesem Eindruck nachdrücklich Nahrung. Gerüchteweise wollte man vor einigen Jahren bereits eine Drehgenehmigung für den Film „Stirb langsam 6.0 - gefangen im Stadtviertel des Grauens" erwirken, aber der Brief mit den Anträgen war wohl gestohlen worden.

Die neue Wohnung war eine kleine Parterrewohnung mit zwei Zimmern, Küche, Diele und tatsächlich einem Badezimmer. Völlig entrückt über soviel Luxus entging den Eltern anscheinend, wie es um das Umfeld bestellt war. Zunächst war es mir natürlich auch egal, da ich ja noch viel zu klein war, um irgendetwas mitzubekommen.

Kapitel 3

Als ich fünf Jahre alt war , luden mich die Grosseltern väterlicherseits, sozusagen die familieneigenen Pioniere des modernen Individualtourismus, ein, einen zweiwöchigen Sommerurlaub in dem holländischen Küstenstädtchen Stavoren mit ihnen zu verbringen, eine Einladung, die ich gerne und sehr zur Überraschung und vor allem Unmut meiner Mutter annahm. Ein Onkel von mir, der damals bereits in Besitz eines eigenen VW-Käfers war, fuhr das Trio also zu besagtem holländischen Ort, in dem meine Grosseltern ein kleines Haus für die beiden Wochen angemietet hatten. Für mich war es sehr schön, abends im ersten Stock des Hauses im Bett zu liegen die Positionslichter der Schiffe zu zählen und die entfernten Lichter der am gegenüberliegenden Ufer der ehemaligen Zuidersee liegenden

Stadt Enkhuizen zu sehen. Das Wetter war die ganze Zeit über schön, der Leidensweg der Schule hatte noch nicht begonnen und lag noch weit in der Zukunft, so dass einer unbeschwerten Zeit nichts entgegenstand. Die Grosseltern taten ihr Bestes, um mir einen interessanten Urlaub zu bieten, so unternahmen sie zum Beispiel mit mir eine Fahrt mit dem im Linienverkehr pendelnden Dampfer nach dem bereits erwähnten Enkhuizen auf der gegenüberliegenden Seite des Ijsselmeeres und sie gingen praktisch jeden Tag zum ortseigenen Strand. Damit ich dort auch gehörig beschäftigt war und es mir an nichts mangelte, wurde mein bereits recht betagter und ziemlich gebeugt gehender Opa dazu abgestellt, eine umfangreiche Spielzeugkiste immer mit zum Strand zu tragen. In dieser Pappkiste befanden sich einige Plastikautos- und schiffe sowie ein paar aufblasbare Tiere, die Kinder so am Strand brauchen.

Mein Grandpa - natürlich hiess er auch Josef - entledigte sich dieser Aufgabe, indem er einen Spazierstock durch die Kiste schob und mittels dieser

Vorrichtung die Kiste auf dem Weg zum Strand und zurück schultern konnte. Meine Oma, der man getrost ein ziemlich übertriebenes Hygienebewusstsein unterstellen durfte, trug derweil in einer Tragetasche eine Plastikdose mit einem eingeseiften Waschlappen und einem Handtuch zum Strand, damit man die unvermeidlichen Berührungen mit dem Strandsand zeitnah hygienetechnisch behandeln konnte. Außerdem hatte sie selbstverständlich für den Fall der Fälle stets einige Quadratmeter Heftpflaster, Hustenbonbons, Kamm und Bürste sowie Reservebeinkleider mit. Nun hat es Strandsand an sich, sehr fein zu sein und eignet sich manchmal nur eingeschränkt dazu, einen zufriedenstellenden Straßenbau für die Plastikfahrzeuge in die Wege zu leiten. So kam ich dann nach einigen Tagen auf die Idee, dass einige Ziegelsteine, derer es in unmittelbarer Nähe des von uns bewohnten Hauses massenhaft gab, der Straßenbauproblematik am Strand gut tun würde. Es dauerte dann ein paar Tage und entsprechend viele Wanderungen zum Strand und zurück, bis Grandpa sich über eine zunehmende Beschwerlichkeit, die Spielzeugkiste zu schultern, beklagte. Er wurde daraufhin von seiner Frau etwas barsch darüber belehrt, dass er mit dem Gejammer aufhören solle, er würde eben von Tag zu Tag älter und unbeweglicher, er solle sich gefälligst, besonders im Beisein des Jungen nicht so gehen lassen. Der zwar widerspruchlose aber dennoch investigative Geist des alten Mannes ließ es dabei aber nicht bewenden und so untersuchte er ohne einem speziellem Verdacht zu folgen des Morgens noch vor der Wanderung zum Strand die Spielzeugkiste, wobei er sehr zu seiner Genugtuung und meinem Ärger eine Sammlung von acht oder neun Ziegelsteinen mittlerer Grösse hervorkramte. Mir wurde unmissverständlich aber durchaus nett und zumindest seitens meiner Grossmutter auch lachend klar gemacht, dass die Kiste zwar weiterhin zum Strand transportiert werden würde, aber die Ziegel in Zukunft wieder der anstehenden Errichten eines Hauses in der Nachbarschaft zur Verfügung gestellt würden. Immerhin hatte meine

Grandma auf diese Art viel zu lachen und tat das auch noch Jahre später, wenn sie vergnügt davon erzählte, wie ihr armer Mann in vorgerücktem Alter noch eine stattliche Anzahl Ziegelsteine täglich zum Strand und zurück geschleppt hatte.

An dem in der Mitte der beiden Urlaubswochen gelegenen Wochenende brachte dann dem fidelen generationsübergreifenden Urlaubstrio eine Überraschung. Meine Eltern kamen zu Besuch mit dem bereits erwähnten Onkel im VW Käfer. Der Hintergedanke bei meiner Mutter war natürlich die Erwartung, dass daraufhin das unvermeidliche Heimweh ihres Sohnes so groß werden würde, dass er am folgenden Tag mit ihnen zurück nach Hause fahren würde. Das lag aber nicht im Entferntesten in meinem Sinn, schließlich hatte ich noch eine ganze tolle Woche am Ijsselmeer vor mir und die wollte ich auch genießen, was ich sehr zum neuerlichen Verdruss und Enttäuschung meiner Mutter auch tat.

Ich will nicht sagen, dass dieser Urlaub eine unsterbliche Liebe zu diesem Ort in mir entfacht hätte, die es mir undenkbar gemacht hätte, jemals woanders Urlaub zu machen, aber bei meinen Eltern hatte ihr zweitägiger Besuch dort offenbar diese Wirkung. Das Haus, in welchem ich meinen ersten Urlaub verbracht hatte, wurde durch die Vermittlung der Grosseltern, den Pionieren des Individual-Tourismus, für das kommende Jahr angemietet. Damit begann Colonia Jupp, wie man meinen Vater heute gerne nennt, also praktisch, sich seinen Ruf als Globetrotter zu verdienen.

Kapitel 4

in dem ich mit Jupps mentaler
Unterstützung dasFahrradfahren
erlernen soll.

Wie überall da, wo Kinder heranwachsen, war auch bei mir irgendwann der Augenblick gekommen, dass ich das Fahrradfahren erlernen musste. Eines schönen Morgens wurden also natürlich ohne jedes Vetorecht meinerseits die Stützräder von meinem Kinderrädchen abmontiert und das somit meiner unmassgeblichen Meinung nach plötzlich sehr unstabil wirkende Bike, das noch nicht mal mehr alleine stehen bleiben konnte, wurde mir übergeben. Danach wurde unverzüglich zu einem Spaziergang aufgebrochen, den ich fahrradfahrenderweise zu begleiten hatte. Oft hat man schon in Film und TV gesehen, wie Väter ihre Söhne das Fahrradfahren lehren. Meist gipfelt das dann in so lächerlichen Aktionen, dass ein Vater schwitzend neben seinem Sohn herläuft, der die ersten wackligen Meter auf seinem Drahtesel absolviert, um ihn im Falle des offensichtlich anstehenden Umkippens aufzufangen. Dieses völlig lächerliche Hippigetue lag Colonia Jupp natürlich fern. in seiner Vorstellung lag sein Part der Fahrradfahrlernaktion darin, mir stolz hinterherzuschauen, wie ich mit wirbelnden Beinen, endlich der Fessel angeschraubter Stützräder entbunden tornadogleich am fernen Horizont entschwand. tatsächlich jedoch benutzte ich die ersten Meter des morgendlichen Spaziergangs mein kippendes Bike wie ein Laufrad, indem ich stets beide Füsse am Boden behielt, statt sie mutig auf die Pedale zu schwingen und loszurasen. dieses Desaster schaute sich Jupp nur eine Zeit lang an und gab dann im Kommandoton seinen Wunsch kund(angereichert durch eine kleine motivierende Bemerkung, in der namentlich sowohl mein Arsch wie auch sein Fuss Erwähnung fanden), dass ich beide Füsse auf die Pedale zu stellen hätte. angesichts der warmen Witterung, aufgrund derer man mir eine kurze Lederhose zum Anziehen gegeben hatte, stand mir wie zu befürchten damit ein blutiges Erlebnis bevor. Erwartungsgemäss stellte ich mich den hernach folgenden Ausführungen meines Vaters gemäss mal wieder saublöd an und fiel mit Schwung nach ca zwei Metern auf die Knie. daraufhin wurde der Rückweg angetreten, auf dem ich mich die gesamte Zeit über mit den Begriffen Memme, Vollidiot, Weichling und Bekloppter identifizieren durfte, erweitert durch hochmotivierende Ausführungen darüber, dass ich für Alles zu blöd sei, insgesamt eine Riesenenttäuschung darstellte und man künftig davon absehen würde, mir noch mal etwas beibringen zu wollen. Ausserdem wurde mir und wie üblich der gesamten nahen und fernen Umgebung (je lauter man etwas kundtat, desto richtiger war es schliesslich), denn nur so konnte man die Demütigung schliesslich komplettieren, mal wieder die wahrscheinliche Annahme mitgeteilt, dass man mich im Krankenhaus wohl verwechselt habe. Ein solcher Vollversager wie ich konnte ja unmöglich von ihnen sein. im Nachhinein scheint mir das gewissermassen gar nicht so unplausibel, sieht man sich einmal die Fakten an. Erstens: Jupp war Supermann, ich nur eine Superenttäuschung, zweitens: Jupp war anerkannter Globetrotter, ich blieb Zeit meines Lebens ein Stubenhocker. Drittens: Jupp war ein absolutes

Sprachentalent, ich nur auausprechlich talentlos. Jupps Frendsprachenkenntnisse erstreckten sich dabei auf englisch, holländisch, ein paar Brocken russisch und „Arme und Beine". in welchem Land letzteres als Sprache dient, weiß ich bis heute nicht aber englisch und holländisch sprach Jupp selbstverständlich fließend, jedenfalls wenn man ihm diesbezüglich glauben wollte. Fließend holländisch sprechen bedeutete für Jupp, beim abendlichen Spaziergang durch den Ferienort Stavoren jedem Holländer, dessen er auf der gegenüberligenden Seite der Gracht angesichtig wurde, ein fröhliches und lautstarkes „goedenavond" rüberzubrüllen, was übersetzt soviel wie guten Abend heisst. Ob es dabei wirklich notwendig ist den Gesichtsausdruck einer durchfallgeschüttelten Kaulquappe zu machen, weiss ich nicht. wenn ja, dann war Jupps Holländisch in der Tat besser als gedacht. Seltsam aber war eigentlich, dass er sehr viele Jahre später dann mit seiner Schwiegertochter aus Florida bei einem weihnachtlichen Treffen kein Wort englisch gesprochen hat und mit meinem Schwiegersohn aus der Ukraine, der wirklich fliessend auf russisch zu parlieren in der Lage ist, kein Wort und auch keinen Brocken in dieser Sprache. Aber vielleicht ist ja für einen Supermann wie Jupp auch die Wahrnehmung der eigenen Fähigkeiten von einer gewissen Elastizität gezeichnet.

Kapitel 5

in dem ich mich überraschenderweise ein Jahr nach dem vorletzten Kapitel wieder im gleichen Urlaubsort vorfinde, der Reiz des Überraschenden und Neuen aber verflogen ist.

Wie weiter vorn schon beschrieben, hatte ich im Alter von fünf Jahren meinen ersten Sommerurlaub mit meinen Grosseltern zusammen in Stavoren in Holland verbracht. Ein Jahr später befand ich mich dann wieder in diesem Ort, diesmal mit meinen Eltern. Es war - und ist - ein schönes

Küstenstädtchen - aber dass man nach über 40 Jahren immer noch nur genau in diesen Ort in Urlaub fährt, scheint mir übertrieben, besonders hinsichtlich der Tatsache, dass es Gerüchten zufolge noch mehrere andere Orte in Holland und teils auch direkt am Ijsselmeer gelegen geben soll. vielleicht wollten sich meine Eltern aber auch einfach nicht auf übertrieben wilde Abenteuer einlassen, wie zum Beispiel das Suchen und Betreten eines anderen und bis dahin völlig fremden Supermarktes. Wie dem auch sei - Jupp fuhr auch mehr als 40 Jahre später immer noch nach Holland, fühlte sich dabei immer noch wie ein Pionier des Tourismus, wanderte immer noch allabendlich durch den Hafen des Ortes sowie die fast 200 Meter lange Mainstreet rauf und runter, brüllte immer noch arme, erschrocken zusammenzuckende Holländer mit goedenavond an und palaverte gern und oft darüber, wie bekloppt man doch sein müsste, woanders und womöglich auch noch weiter entfernt in Urlaub zu fahren. In all den Jahren, in denen Jupp immer wieder nach Stavoren in Urlaub gefahren ist, hat sich der Ort natürlich grundlegend geändert, ganz im Gegenteil zu Jupp, der immer noch derselbe unflexible und starrsinnige Charakter ist, der er damals schon war. Klar war sein Haar nach all den Jahren mittlerweile grau, sein Hintern faltig und er trug eine Lesebrille, obwohl er die natürlich eigentlich nicht brauchte. Er hatte auch immer noch dieselbe Kleidergröße, was man auf den ersten Blick gar nicht für möglich gehalten hätte. Kurz und gut, im folgenden Jahr befand ich mich also wieder in Stavoren im Urlaub, erfreute mich wieder an der Aussicht über das Ijsselmeer, hatte aber insgesamt gesehen nicht halb so viel Spaß wie im Jahr zuvor. Niemand trug mir mein Spielzeug an den Strand, ich ging eigentlich gar nicht mehr gerne an den Strand, denn die ständigen Wiederholungen beider Elternteile, wie lächerlich dürr ich in meiner Badehose aussehen würde, ließ in meinem Selbstwertgefühl eine negative Unterströmung entstehen. Gut, ich war dünn, aber dass mir ständig offensichtlich stark übergewichtige Kinder gleichen Alters als sogenannte „tüchtige Kinder" zum Vorbild hingestellt wurden, scheint auch aus einer nunmehr vierzigjährigen Distanz heraus eher suboptimal hinsichtlich der Frage nach dem pädagogischen Wert sowie der ernährungstechnischen Relevanz. Der pädagogische Wert seiner Erziehungsmethoden aber ist etwas, was für meinen Vater außer Frage steht. Oft hört man aus seinem eigenen Munde die Erfolgsstorys seiner Erziehung, auf die er wahnsinnig stolz ist. Könnte er die vorliegenden Seiten noch lesen, wäre es wohl vorbei mit dem Stolz auf seine Erziehung, bzw. wahrscheinlich würde er meine unglaubliche Freveltat erstens als Verdrehen der Tatsachen hinstellen, was angesichts mehrerer Zeitzeugen wohl scheitern dürfte oder als genetischen Fehler ansehen, wobei wir eventuell auch wieder bei der vermuteten Verwechslung auf der Säuglingsstation sind. Ein leuchtendes von ihm gerne erzähltes Beispiel für seine pädagogische Genialität ist folgende Geschichte

Kapitel 6

in dem mir klargemacht wird, dass nur das mir gehört, was ich sehe, wenn ich die Augen fest verschliesse.

Ich war mittlerweile so sechs, eventuell auch sieben Jahre alt und immer noch das einzige Kind in der Familie. Eines Abends saß also die ganze dreiköpfige Familie am Tisch. Man hatte zusammen diniert, Jupp hatte sich bereits rasiert und die rituelle Säuberung seines Elektrorasierers war auch schon wie üblich am Esstich erledigt worden und man machte es sich bei einer Flasche Coca Cola gemütlich. Die Erfolgsstory von Coca Cola ist ja ohnehin legendär, aber hier wird sie nun durch ein Kapitel erweitert, welches wert sein dürfte, in jedem modernen Erziehungsleitfaden berücksichtigt zu werden. Die damals gebräuchliche Flaschengröße beinhaltete dreiviertel Liter des belebenden Sprudelgetränks. Jeder bekam also ein Glas des begehrten US-Aufmunterers eingeschänkt, Jupp dann noch ein Zweites, als sein erstes Glas nach ungefähr sieben Sekunden geleert war. Nun mag man berücksichtigen, dass Jupp vielleicht noch ein Kratzen im Hals verspürte durch das massenhaft eingeatmete Sägemehl seines Arbeitstages. Es versteht sich also fast von selbst, dass Jupp sich auch sein zweites Glas Cola, mit welchem gleichzeitig die Flasche geleert wurde, zügig, wenn nicht gar hastig in seine Essens- und Colaeinfüllöffnung goss, was seinen Durst aber noch nicht ganz stillen konnte. Also begehrte er mein Glas ungeachtet der sehr wohl allen Anwesenden bekannten Tatsache, dass ich für mein Leben gerne Cola trank, mein Glas aber noch nicht angerührt hatte, um den letzten Rest seines hart erarbeiteten Durstes zu befriedigen. Meine richtige Antwort dazu wäre natürlich gewesen: „selbstverständlich gerne, oh strahlender Beherrscher und Beschützer solch armseliger Kreaturen wie mir, die es nicht wert sind, Untertanen eines solch göttlichen Herrschers zu sein. Möge diese Cola, in deren kurzen Besitz ich ja ohnehin nur dank deiner Hände Arbeit und deiner über alle Massen erhabenen Güte gelangt bin, Dir munden wie göttliches Ambrosia und möge diese sprudelnde Wohltat Deinen Geist und Deinen Körper so weit laben, dass Du in die Lage versetzt werden mögest, uns mit weiteren Deiner erhabenen Weisheiten zu unterrichten, auf dass auch wir dereinst einmal auf dem richtigen Pfad der Tugend wandeln dürfen, den Du so leuchtend und beispielhaft beschreitest". Für etwas mundfaulere Kinder, zu denen man mich getrost zählen konnte, hätte es auch eine schlichtere Version getan, etwa: „Aber gerne , oh Erhabener, ich labe mich dann derweil an einem Schluck Leitungswasser, was meiner Stellung schliesslich auch viel besser entspricht". Stattdessen frevelte ich in meiner Rolle als undankbarer Sohn, und gab mich sogar unwillig, meine Cola, die ja eigentlich nie Meine gewesen war, da schliesslich alles in diesem Haushalt inclusive aller Personen Jupps persönliches Eigentum war, an Jupp auszuhändigen. Ich bekräftigte mein Unvermögen, meine wahre Stellung zu erkennen sogar noch durch die gemurmelten Worte: „ich habe mir die extra aufbewahrt, um sie langsam zu genießen". Bei aller Herzensgüte, DAS war dann doch zuviel selbst für einen so gütigen Menschen wie Jupp und er beschloss sogleich, seinem missratenen Sohn, eine Lektion in Sachen Eigentumsdenken zu erteilen. Jupp sprang auf, schnappte sich seine Jacke und verschwand, erschien einige Minuten später wieder mit einer neuen Flasche Coca Cola in der Hand. Mit dieser setzte er sich dann erneut an den Tisch und goss sich, und zwar NUR sich ein Glas ein, trank es in wenigen Zügen leer und wiederholte den Eingießvorgang. Ich, der den Tisch zu verlassen trachtete, wurde angewiesen, dort sitzen zu bleiben um die Lektion, die es zu erlernen galt, nicht zu verpassen. Die Lektion bestand dann darin, dass ich zusehen musste, wie sich ein Mann mittleren Alters zügig und ohne Zwischenstop dreiviertel Liter Cola in den Kopf schüttete, nur hin und wieder durchbrochen von ein paar männlich herben Rülpsern wegen der Kohlensäure. Aber die Lektion kam deutlich bei mir an gipfelte in der Erkenntnis: „trinke und esse immer schnell und hastig und wenn dann noch Bedarf besteht, begehre das Getränk oder das Essen eines Anderen und sollte dieser es Dir verwehren, sei stinkbeleidigt und beweise Charakter, indem Du das auch deutlich und möglichst ausdauernd zeigst". Noch Jahre später konnte man sicher sein, dass der Erste, der sein Glas Cola leer getrunken hatte (Cola wurde allerdings Jahre später in meiner persönlichen Beliebtheitsskala durch Bier ersetzt) ich war. Auf diese Art und Weise konnte niemand mehr begehrlich nach meinem Glas greifen, ohne lediglich ein leeres Glas in die Hand zu bekommen. „Sei Dir immer selbst der Nächste", ein Spruch, nein eine tiefe Lebensweisheit, die Jupp sein ganzes Leben lang beherzigte, auslebte und nicht ganz ohne Stolz hin und wieder zum Besten gab. Anscheinend hatte Jupp während seiner Sozialisierungsphase gefehlt. Es könnte aber auch sein, dass diese niemals stattgefunden hat, denn es gab deutliche Indizes für ein direkte Vererbung seiner sozialen Strukturierung von der Mutter auf ihren Sohn

Kapitel 6

In dem das Thema Eigentumsdenken einige weitere Inputs erhält.

Die Angebotspalette, die mir nach der Zerstörung meines Plattenspielers offeriert worden war beinhaltete ja im Wesentlichen wenig attraktive Angebote, bei denen in erster Linie

Jupps Arsch und meine Zunge Erwähnung fanden. Nimmt man einmal an, dass diese Angebote den grundsätzlichen Standpunkt von Entschädigungen für zugefügte Schäden widerspiegelte, dann wirft folgende Situation doch erhebliche Fragen auf. Jupp hatte uns die dunklen Wolken am Himmel ignorierend mal wieder verurteilt, seinen Bewegungsdrang nach dem Abendessen mit auszuleben und wir machten den üblichen Abendspaziergang. Es kam, wie es kommen musste, auf dem Weg nach Kalk überraschte uns (angesichts der dunklen Wolken war es für mich keine Überraschung) ein heftiger Regenschauer. Meine Mutter, die meinen jüngeren Bruder im Kinderwagen vor sich her schob, lamentierte also los und bemängelte heftigst das Fehlen von Regenschirmen sowie die dadurch entstehende Feuchtigkeits - Eskalation im Kinderwagen. Als wenn der nicht schon oft genug selbst für erhöhte Feuchtigkeitspegel im Kinderwagen gesorgt hätte. Nichts desto trotz, latschten Jupp und ich im

Schweinsgalopp zurück zur Wohnung, wo wir mittlerweile klatschnass dann Schirme griffen und uns dann aber einfach entschlossen, mit dem Auto oder besser gesagt dem Lloyd Alexander TS zurück zu den regengepeinigten Familienmitgliedern zu fahren. Es regnete immer noch in Strömen und ich warf von der Beifahrertür aus den Stockschirm auf den Rücksitz, besser gesagt, ich wollte ihn auf den Rücksitz werfen. Statt dessen traf ich aber, da ich die aerodynamischen Fähigkeiten des Schirms unterschätzt hatte, das hinten links befindliche Seitenfenster, welches unverzüglich ein munteres Spinnennetzmuster aufwies. Das lief natürlich nicht lautlos ab und der merkwürdige Ton, den es beim Aufprall zu hören gab veranlasste Jupp, zu fragen, was das denn gewesen sei. Etwas zerknirscht erläuterte ich kurz die Situation und vergass auch nicht, eine Bemerkung über eine mögliche zukünftige Unbrauchbarkeit des Seitenfensters einzuflechten. Jupp drehte sich so zügig nach dem Fenster um, dass ich heute noch überrascht bin, dass ihm nicht die Halswirbel rausgesprungen sind. Unmittelbar nach Sichtung der Seitenfensterproblematik bekam Jupp erhebliche Probleme, seine Verachtung für meine abgrundtiefe Dämlichkeit zu ventilieren. Ihm fehlte schlicht das Vokabular, um seiner Meinung über mein Gehirn auch nur ansatzweise Ausdruck zu verleihen. Er gab sich aber bei dem Versuch, so muss man lobend erwähnen, alle Mühe. Bis wir dann bei meiner triefendnassen Mutter und meinem Bruder, der in seinem Kinderwagen Rückenschwimmen übte, angekommen waren, waren die ersten Androhungen zu erwartender Konsequentzen bereits abgespult. In Zusammenarbeit mit meiner Mutter wurde diese Palette dann aber noch deutlich ausgebaut und vervollkommnet. Taschengeld war für die nächsten Monate für mich kein Thema mehr und fernsehen auch nicht. Wieso sich dadurch das Fenster regenerieren solle, war mir allerdings nicht klar. Auch sonst wurden alle Vergünstigungen bis auf Weiteres gestrichen. Als wenn das so Viele gewesen wären. Nebenbei vermerkt war der pakuniäre Schaden am Auto erheblich geringer als der, den man mir Jahre später mit der Zerstörung meines Plattenspielers zugefügt hatte. Ausserdem übernahm die Versicherung die Kosten für den Glasbruch, so dass eigentlich gar kein finanzieller Schaden entstanden war.

Natürlich bin ich bereit zuzugeben, dass meine oben geschilderte Aktion nicht gerade ein Beispiel für vorbildhaftes und durchdachtes Handeln war, aber tatsächlich steckte wirklich absolut keinerlei Absicht von mir in der Zerstörung des Seitensfensters und ich hätte es selbst aus heutiger Sicht betrachtet für durchaus akzeptabel gehalten, ein paar deftige Beleidigungen meine Blödheit betreffend dafür zu kassieren, aber ein geradezu apokalyptisches Scenario daraus zu entwickeln, so wie es Jupp tat, das halte ich doch für zumindest unangemessen, selbst wenn man es nicht in Relation stellt zu der von mir eher verhalten vorgebrachten Forderung nach Entschädigung für einen zerstörten Plattenspieler einige Jahre später. Inwiefern war ein Missgeschick, dass zu einem leicht zu behebenden Schaden ohne finanzielle Einbussen am Auto geführt hatte, um eine Hunderterpotenz schlimmer als der nicht wieder zu behebende Schaden mit durchaus bezifferbarem Wertverlust an meinem Plattenspieler? Ich kann nur davon ausgehen, dass das massgeblich ebe entscheidende Wort „mein" war. Es ging nämlich nie darum, irgendwelche Werte der Rechtschaffenheit zu repräsentieren oder auszuleben, es ging immer nur um seine Sachen, sein Eigentum, seine Gedanken, seine Meinung.

Das Laufwerk (eigentlich MEINS)

Ich war acht Jahre alt, als mein Bruder zur Welt kam. Gut, auf den ersten Blick betrachtet hätte das eine Verbesserung für mich sein können. Meine Mutter hatte damit ja ein neues Objekt, an dem sie der geneigten Öffentlichkeit demonstrieren konnte, wieviel Zärtlichkeit sie ihren Kindern gegenüber aufzubringen bereit war. In der Regel wurden diese Demonstrationen unmittelbar vor der Schule der Welt dargeboten, alternativ direkt vor dem Haus, möglichst in Sichtweise meiner Freunde oder/und Klassenkameraden, damit diese dann auch genügend

Material hatten, sich brachial lustig zu machen. In dieser Hinsicht hatte dann auch der Familienneuzugang seinen Wert für mich. Als dann der kleine Knallfrosch so sechs Jahre alt war (also ein paar Jahre nach dem Autofenster-Desaster, ich also mein fünfzehntes Lebensjahr anging oder sogar schon sechzehn war (ich habe kein exaktes Logbuch geführt), hatte sich mein Geschmack, was die musikalische Beschallung betraf, stark geändert. Obwohl Colonia Jupp bei jeder Gelegenheit jedem geneigten oder zwangsverpflichteten Zuhörer emsig und lautstark versicherte, dass die von mir bevorzugte Musikrichtung der deutsche Schlager sei, besonders in Gestalt von Roy Black und ähnlichen Kandidaten (man kann sich vorstellen, wie ich mich vor Scham zusammenkrümmte), hörte ich lieber die „Hottentotenmusik" von Bands wie Deep Purple, Pink Floyd, Led Zeppelin und so weiter. Pink Floyd, so versicherte mir Colonia Jupp bei passender Gelegenheit mal, sei übrigens schwul, in seinen Augen so ziemlich die grösstmögliche Perversität und im Prinzip durchaus einer umfassenden gesellschaftlichen Ächtung würdig. Meine Frage, wer von den Vieren denn der „Schwule" sei, konnte er nicht beantworten, wusste er doch offensichtlich noch nicht mal, dass es sich bei Pink Floyd um eine Gruppe und nicht um einen Solo-Musiker handelte. Soviel dazu, was von Jupps Aussagen zu halten war. Nun begann ich wie nicht unüblich in diesem Alter, mein Taschengeld in Langspielplatten zu investieren. CDs gab es noch nicht und die gute alte schwarze Vinylschallplatte war ja auch wesentlich besser geeignet, für alle sichtbar durch die Gegend getragen zu werden, um möglichst cool zu wirken (Natürlich nicht, wenn es eine von Roy Black gewesen wäre) Diese schwarzen dreissig Centimeter durchmessenden Scheiben waren allerdings recht empfindlich und unser häusliches Hifi-Center erfreute das Herz des Plattenliebhabers mit einem uralten Dual-Plattenwechsler, dessen Tonarm man idealerweise noch beschweren musste, damit er seine Spur hielt. Mit anderen Worten, wollte ich meine wertvollen Langspielplatten nicht ruinieren, musste ein anderes Laufwerk her. Von meinem Grossvater mütterlicherseits hatte ich nun im Laufe der Jahre einige Sätze Sondermünzen, in der Regel 5- oder 10-DM-Münzen geschenkt bekommen, die ich also zu gegebenem Zeitpunkt einem Numismatiker für klingende Normalwährung überliess. Der Erlös der Transaktion wurde dann für die Anschaffung eines Thorens-Laufwerks verwendet, dessen Tonarmgewicht anerkanntermassen sehr gering war und somit einen absolut minimalen Plattenabrieb gewährleistete. Stolz wie Sau brachte ich also dieses High-Tech-Wunderwerk zum Abspielen meiner geliebten Platten nach Hause und installierte es an geeigneter Stelle, nicht mit dem Wunsch sparend, dass bitte niemand dieses Wunderwerk anfassen möge, besonders mein eher grobmotorisch veranlagter kleiner Bruder nicht. Die Vorstellung, dass der Knallfrosch seine Dschungelbuchhit- LP auf meinem Thorens abspielen würde, liess bei mir unverzüglich Herpesblasen entstehen. Nachdem ich mich zwei, drei Tage lang am Anblick meiner Neuerwerbung erfreut hatte, verliess ich des Nachmittags das Haus, nicht ohne nochmals darauf hinzuweisen, dass meinem Thorens die höchste Tabustufe zugeordnet sei. Stunden später, ich kam mit einer Neuerwerbung von Emerson, Lake and Palmer zurück, durfte ich dann die Trümmer meines ganzen Stolzes ansehen. Einige der Fragmente meines Thorens-Laufwerks hatte man freundlichst auf den transparenten Plexiglasdeckel gelegt, so dass ich mir gleich ein genaues Bild der Zerstörung machen konnte. Mein kleiner Bruder, diese verdammte Kröte, hatte meine Abwesenheit sofort dahingehend genutzt, mein Anfassverbot in vollem Umfang auszuhebeln. Hier muss man anmerken, dass er selbst zum Abspielen seiner Dschungelbuch-Hit-LP einen kleinen Kofferplattenspieler, von mir liebevoll Schleifstein genannt, nutzte. Dieses Gerät, was mit meinem Thorens Laufwerk ungefähr so viel gemein hatte wie ein Indianereinbaum mit einem atomgetriebenen Flugzeugträger, wurde in Rotation versetzt, in dem man den Tonarm von der Platte weg bog und dann nach Beginn der Rotation auf den äusseren Rand der Platte knallte oder warf. Tonarmlift oder sonstigen überflüssigen Scheiss gab es natürlich nicht. Nun hatte die Kröte also versucht, meinen Thorens Plattenspieler auf gleiche Art und Weise zum Laufen zu bringen, hatte den Tomarm nach rechts gebogen und nachdem er blitzsauber bemerkte, dass die Platte sich nicht zu drehen begann noch etwas mehr Druck nach rechts zugefügt. Beim wiederholten Verstärken des Drucks gab dann der Leichtgewichtstonarm meines Plattenspielers nach und brach ab, was erstens zur Folge hatte, dass er seine Platte dann doch nicht hören konnte und zweitens für mich eine Welt zusammenbrach. Das Thorens-Desaster wurde dann des Abends beim gemeinsamen Verzehr von in weisser Sosse ertränkten Kohlrabi mit Kartoffeln und hartgekochten Eiern unmittelbar nach der Heimkehr Colonia Jupps von der Arbeit selbstverständlich durch meine Mutter zur Sprache gebracht. Besonders hervorgehoben wurde bei dem meiner Meinung nach nicht völlig fairen Vortrag der Geschehnisse das ihrer Ansicht nach völlig überzogene Getue, das ich um diese „Kleinigkeit" veranstaltet hatte. Im Ergebnis wurde der Übeltäter für die Zukunft angewiesen, die Finger von dem Plattenspieler zu lassen. Wie ungeheuer toll war das denn? Das Gerät war unrettbar zerstört und NUN durfte er es nicht mehr anfassen? Super, da konnte ich ja mal richtig zufrieden sein. Im weiteren Verlauf verlieh ich dann meiner Hoffnung Ausdruck, dass man mir einen Ersatz für den entstandenen Verlust zugestehen würde. Die auf diese Unverschämtheit folgende Diskussion war geradezu epochal kurz und artete im Wesentlichen in einen Monolog Jupps aus, dessen Inhalt zum einen die unverblümt unverschämte Anfrage meinerseits zutiefst verurteilte und mir andererseits mehrfach das Angebot unterbreitet wurde, ihn (Jupp) doch kreuzweise am Arsch zu lecken, wobei ich im Falle der Angebotsannahme immerhin zweimal die Mitte überqueren würde, wie man mir versicherte. Um die Wogen dann noch zu glätten wurde mir offiziel durch die Regierung der Solzialwohnung das Recht eingeräumt, meine Hottentottenmusik auf dem Plattenspieler meines Bruders abzuspielen, sofern der nicht gerade seinen Disney-Scheiss hören wollte. Damit war das Thorens-Debakel für Jupp erledigt. Der mehr als saublöde Hinweis meiner Mutter, ich könne den Tonarm ja zu kleben versuchen kommentierte ich schon lieber gar nicht mehr.

Kapitel 7

In dem ich die Hauptschauplätze meiner Kindheit hervorheben möchte.

Aufgewachsen im C&A

Womit aber war meine Zeit zwischen den besonders intensiven Episoden von Jupps Erziehungsarbeit angefüllt? Böse Zungen behaupteten damals eine Zeit lang, ich sei aufgewachsen bei C&A und Eduscho. C&A war und ist auch heute noch ein grosses Bekleidungshaus in der Innenstadt Kölns und für meine Mutter das Mekka der Modewelt. Paris, New York, Mailand, Rom und C&A in Köln wurde praktisch in einem Atemzug erwähnt. Das Nonplusultra des textilen Window-Dressings, das Nirwana des kleinen Mannes oder Frau. Die Umkleidekabine bei C&A wurde praktisch zum Laufsteg der Haute Couture für die gelernte Friseuse aus Köln Kalk. Dennoch war die Aussage, ich würde aufwachsen bei C&A schon ein wenig gehässig, denn um mal einen Durchschnittswert ins Rund zu werfen würde ich sagen, dass ich nicht öfter als einmal pro Woche meinen Nachmittag damit zubringen durfte, in der Damenoberbekleidungsabteilung des Textilkaufhauses auf einem Höckerchen sitzend zu verbringen und Damen jeder Altersgruppe dabei zuzusehen, wie sie bunte Textilien aus den Kleiderständern zogen um damit dann in der Umkleidekabine zu verschwinden. In den übrigen Tagen der Woche führte mich als Begleitung meiner Mutter der Weg dann regelmässig des Nachmittags nach Kalk, wo auf der Kalker Hauptstrasse die damals noch nächstgelegene Aldi-Filiale zu finden war. Gleich gegenüber in der Nähe des Kaufhofs gab es Filialen zweier konkurrierender Kaffeeröstereien, einmal der auch heute noch bekannte Tchibo und zum Anderen Eduscho, deren Marktanteile 1997 dann von Tchibo übernommen wurde und einige Jahre später dann als eigenständiger Firmenname völlig verschwand. Beide Kaffeerösterfilialen auf der Kalker Hauptsrasse glänzten mit Stehtischen im Ladenlokal und Kaffeeausschank für wenig klingende Münze. Was im Mittelalter der Dorfbrunnen war, was in Instanbul die Dönerbude und im alten Rom das Forum Romanum, das war für meine Mutter die Eduscho-Filiale auf der Kalker Hauptstrasse. Hier traf sie sich nach dem Aldi-Einkauf mit einigen anderen Frauen, Eulalia (die eigentlich Roswitha hiess) und Andere, um sich über die wirklich wichtigen Dinge des Lebens auszutauschen. Wen interessierte so ein Scheiss wie die Kuba Kris? Interessant war, welche Farbe die Krawatte von Peter Frankenfeld, Hans Joachim Kulenkampff oder Vico Torriani in der vergangenen Samstag-Abend-Show gehabt hatte und wie gut sie zum Jackett harmoniert hatte. Ganz allgemein war die Kleidung der im TV auftretenden Herren eines der zentralen Gesprächsthemen und natürlich die Tatsache, das DAS eben echte vorzeigbare Männer seien. Klar, es trat ja auch keiner dieser Showgrössen in weisser Feinrippunterwäsche von Schiesser auf und kratzte sich ausgiebig am Sack, bevor er einen fliegen liess. Ob und in welchem Umfang diese Herren ihre Distinguiertheit auch in den heimischen vier Wänden aufrechterhielten wurde nicht thematisiert. Natürlich stand ich stets brav daneben und lauschte dem hochinteressanten Gedankenaustausch der welterfahrenen Damen, versuchte den Sinn zu verstehen und stand mir die ohnehin noch recht kurzen Beine noch weiter in den Bauch. Ein weiteres Thema war dann oft, soweit ich mich erinnere, Leben, Kleidung, Aussehen und potentielle Eheschliessungen von weiblichen Hollywood-Stars. Hier kamen die Damen recht schnell auf einen gemeinsamen Nenner. So war zum Beispiel Brigtte Bardot einerseits sowohl eine alte Kuh, (merkwürdig, die war zu dem Zeitpunkt gerade mal knapp über dreissig) andererseits aber, wie dann unter vorgehaltener Hand geurteilt wurde, während man sich ein Stückchen Würfelzucker in den Kaffe rührte, auch eine alte Nutte. Nun wusse ich als acht oder neunjähriger natürlich genau, was eine Kuh ist, war sogar sozusagen Experte auf diesem Gebiet. So war mir von meinen Eltern, Beide wandelnde Ausgaben eines Konversationslexikons, erklärt worden dass die braungefleckten Kühe zur Herstellung von Kakao da waren und die schwarzgefleckten für Milch. Wieso waren denn zum Teufel die schwarzgefleckten nicht für Cola zuständig, wenn Fellfarbe und Getränkeausgabe in direktem Zusammenhang standen? Keine Ahnung, soweit ging die Informationsveranstaltung nicht. Was aber, um auf das eigentliche Thema zurückzukommen eine Nutte war, wusste ich zum Verrecken nicht. Ich möchte an dieser Stelle anmerken, dass es tatsächlich genau dieser Begriff war, den meine Mutter verwendete und auch viele Jahre lang noch gerne und oft anwandte, wenn es um die verbale Adelung medienbekannter junger Damen ging. Anscheinend bezeichnete meine Mutter damit in der Regel junge und besonders attraktive Frauen, deren Attraktivität die Filmindustrie, die Werbebranche und allgemein die Medien, nutzten, um ihren eigenen Bekanntheitsgrad zu erhöhen. Man hätte fast meinen können, dass ein gewisser Neid auf Aussehen, Bekanntheitsgrad oder sozialen Status der Grund für die Verbalattacke sein könnte. Aber das kann ja unmöglich sein, wo meine Mutter doch schliesslich den Gipfel gesellschaftlicher Höhen bereits als „First Lady of Colonia Jupp" erreicht hatte. Aber zurück zu der Zeit, in der mir das Muster dieser Verunglimpfung dank meiner Jugend noch nicht belannt war.Eine diesbezügliche an meine Mutter gerichtete Frage, die ja wohl absolute Expertin auf diesem Gebiet war, ergab lediglich eine Information darüber, dass ich dafür noch zu klein sei. Aha, Körpergrösse hatte also damit ursächlich zu tuen. Blöd stundenlang in der Eduscho-Filiale zu stehen und mir so einen geistigen Dünnschiss anzuhören, dafür war ich wohl nicht zu klein. Ausserdem wage ich mittlerweile mit dem Wissen um die Bedeutung des Wortes ausgestattet zu behaupten, dass die Bardot finanziell wahrscheinlich auch so gut über die Runden kam, ohne einer Tätigkeit als Nutte nachgehen zu müssen. Das in weisses Feinripp gewandete Lexikon zu hause fragte ich schon lieber gar nicht nach der Bedeutung des Wortes Nutte, denn die Information, dass es sich dabei um ein Rückschlagventil für einen Gänsearsch (siehe Zitatensammlung im Anhang) handle, hätte mich nur noch mehr verwirrt. An dieser Stelle könnte ich jetzt noch einmal auf das im Band zwei sattsam bearbeitete Thema der Allgemeinbildung oder besser gesagt in meinem Fall der fehlenden Allgemeinbildung zu sprechen kommen und eine Bemerkung darüber fallen lassen, dass das mir zur Verfügung stehende Informationsmaterial neben einer Reihe Karl-May-Bücher, einer Menge Arztromanen und aus mündlich weitergegebenen Informationen über Konfektionsgrössen bei Damenoberbekleidung, Krawattenfarben bei deutschen Showmastern und dem Leben als Kuh bzw.Nutte von Hollywood-Schauspielerinnen bestand. Diese sicher lebenswichtigen und hochinteressanten Informationen hatten leider so gar keinen positiven Einfluss auf meine Zeugnisnoten und die waren natürlich wie von einem notorischen Versager wie mir nicht anders zu erwarten, unter aller Sau.

Kapitel 8

In dem meine schulischen Leistungen realistisch betrachtet und erörtert werden.

Die Kopfnoten

So hatte ich einmal ein Zeugnis nach Hause gebracht, welches eigentlich als durchaus anständig angesehen werden konnte. Der Notendurchschnitt lag etwas besser als zwei und ich erwartete eigentlich fast schon so etwas Ähnliches wie ein Lob. Als aber dann des Abends nach dem gemeinsam eingenommenen in weisser Sosse ertränkten Blumenkohl mein Zeugnis dem Herrscher der Sozialwohnung ausgehändigt wurde, las dieser nach einem flüchtigen und natürlich kritischen Blick auf die Noten in den Fächern Deutsch, Mathematik und so weiter die damals noch gebräuchlichen sogenannten Kopfnoten, in denen Fleiss, Mitarbeit im Unterricht, Ordnung oder Aufmerksamkeit einer Beurteilung unterzogen wurden, die aber nicht relevant für die Versetzung waren. An dieser Stelle, die vor den Noten der Unterrichtsfächer zu finden war und deshalb eben Kopfnoten hiessen, war auf meinem Zeugnis unter dem Begriff Beteiligung am Unterricht folgendes zu lesen:

„Könnte reger sein"

Zack, das wars. Scheiss auf den Notendurchschnitt Wen interessiert schon Latein oder so ein Quatsch, ganz allein wichtig war für den Rest des Abends die Frage, wieso ich die Zähne nicht auseinanderbekam, warum ich so ein verstocktes Arschloch und widerlicher Eigenbrödler sei. Selbstverständlich wurden mehrere Dutzend leuchtende Beispiele angeführt, bei denen Colonia Jupp während seiner eigenen Schulzeit neue Masstäbe für Unterrichtsbeteiligung gesetzt hatte. Aber bei mir wäre ja Hopfen und Malz verloren und bla bla bla.... So im Nachhinein, im Hinblick auf mehrere vergangenene Jahrzehnte könnte ich mir vielleicht vorstellen, dass trotz der stetigen Hilfestellungen, die Jupp mir in dieser Beziehung angedeihen liess, mein Sebstbewusstsein doch nicht in dem Masse gestählt war, wie Jupp es mit seinen permanenten Demütigungen angestrebt hatte. Ja, bei Licht betrachtet war es wohl nur mein mangelndes Selbstbewusstsein, was mich ständig ins Kreuzfeuer Colonia Jupps brachte. Aber so sind die komischen Hellije nun mal, wollen einfach nicht begreifen, dass Selbstbewusstsein nichts Anderes ist als die Summe der Demütigungen anderer Menschen, eigene Kinder inbegriffen.

Kapitel 9

in dem meine Geschmacksnerven zum Gegenstand der Kritik werden und damit selbstverständlich Rückschlüsse auf meine Zurechnungsfähigkeit, meinen Intellekt sowie meine allgemeine Lebensfähigkeit zulassen .

Die gute Butter

Es ist sicher nicht unüblich, dass Kinder und Probleme, nahrhafte Lebensmittel in sie reinzubekommen eine in sich geschlossene Ereigniskette darstellen. So natürlich auch bei mir. Ich verabscheute zum Beispiel jede Art von Kohl, ich konnte schon ansatzlos kotzen, wenn ich von der Schule nach hause kam und das ganze Treppenhaus nach Kohl stank. Die Art, diesen Kohl dann auch noch in Hektolitern weißer unsäglicher Sauce zu ertränken und mit Kartoffeln sowie hartgekochten Eiern aufzutischen wurde schnell zum Anlass von Überlegungen über die Attraktivität von Hungerstreiks. Aber wie bei allen Kindern gab es natürlich eine Fülle von Dingen, die ich nicht mochte. Frische Erdbeeren, Zironenpudding, Schokoladenkuchen und dergleichen zählten NICHT dazu. Was aber sehr wohl auf dem bewussten Index in exponiert vorderer Position zu finden war, war Butter, oder wie meine Eltern so schön mit träumerisch verklärtem Gesichtsausdruck sagten: „De jode Botter" (Kölner Mundart für „die gute Butter"). beim gemeinsamen Frühstück am Wochenende um acht Uhr in der Früh durfte ich immer wieder beobachten, wie sich die Beiden „de jode Botter" fingerdick aufs Brot kleisterten und dann seufzend vor Lust das Butter-

Brot-Gemisch zwischen die Zähne schoben. Ein jähes Ende fanden die Lustseufzer dann regelmässig, wenn sie mitansehen mussten, wie der komische Hellije (Kölner Mundart für „der komische Heilige"), der ich ja nun mal war, versuchte Minimal-Mengen Butter (ganz darauf verzichten durfte ich keinesfalls) auf seinem Brot zu platzieren, möglichst so, dass der auch heute noch für mich widerliche Eigengeschmack des Molkereiprodukts kaum zu bemerken sein würde, wenn erst mal die Wurst das Zeug überdeckt hatte. Wie, so wurde ich dann praktisch an jedem Wochenende schon frühmorgens gelöchert, konnte man nur so abgrundtief bekloppt sein, um keine Butter zu mögen. Nun hatte ich ja an den Wochenenden wenigstens noch die Möglichkeit gewisser gestalterischer Freiheiten mein Brot betreffend. Die aber fehlte mir innerhalb der Woche leider völlig. Vor dem Gang zur Schule musste ich (was sicher kein Fehler war) frühstücken. Dazu hatte meine Mutter dann, wenn ich aus dem Badezimmer gekrochen kam, bereits ein Getränk und ein „Butterbrot", sie nannte es natürlich

„Botterramm" (Kölner Mundart für „Butterbrot") vorbereitet. Dieses Butterbrot bestand selbstverständlich wie der Name schon verrät, zu nicht unwesentlichem Teil aus Butter. Das geschah aus rein pädagogischen Gründen, um mir meine Abneigung gegenüber Butter (was ja nur wieder ein Beweis war, wie sehr ich aus der Art geschlagen war) endgültig auszutreiben. So waren dann alle in der Brotscheibe vorhandenen Teiglöcher komplett mit Butter gefüllt, so dass de jode Botter aus jeder Pore der Botterramm quoll, wenn man herzhaft reinbiss. Von herzhaftem Reinbeissen konnte bei mir natürlich nicht die Rede sein, eher von einem mit Würgelauten unterlegten Abnagen. Die gleiche Bauweise hatte dann auch mein Pausenbrot, was dazu führte, dass ich regelmässig ungesättigt nach Hause kam, da ich mich zum Verzehr nicht hatte durchringen können, oft dann aber nur, um im Treppenhaus gegen eine Wand von Kohlgestank zu laufen.

Ein offenbar etwas fragwürdiges Verhältnis zur Nahrungsaufnahme im Allgemeinen und den damit verbundenen Auswirkungen auf den menschlichen Körper (und wohl auch tierischen bei genauer Betrachtung) zeigte sich auch an anderer Stelle und natürlich wieder mit mir selbst als krönendes Beispiel für totales Fehlverhalten und noch übleres Versagen. Schon immer, solange man mir unterstellen konnte, dass ich die motivierenden Bemerkungen auch verstehen konnte, wurde mir deutlichst klargemacht, dass mein gesamtes Erscheinungsbild nichts Anderes sei als ein Bild des Jammers und von exorbitanter Lächerlichkeit, eine Peinlichkeit für so tolle Eltern eben. Ich war sehr schlank, na gut dünn als Kind, dürr wie meine Eltern sagten (lag wohl an der fehlenden Liebe zur guten Butter). Reicht es aber wirklich aus, ein verfressenes Mastschwein zu sein, um mir erstens als Vorbild hingestellt zu werden, und zweitens mir wieder mal mitzuteilen, was für eine peinliche Jammergestalt ich doch sei? KLAR reichte es aus, schliesslich waren meine Eltern in ihrer eigenen Sichtweise ja so etwas wie eine völlig neue Evolutionsstufe der Menschheit, sozusagen der „HOMO Humiliatio"

Homo Impertinentia wäre auch ok,
denke ich.

Kapitel 10

In dem Jupp das Zeitalter nahezu
unbegrenzter Mobilität einläutet

Der Motorroller

Noch bevor der Homo Humiliatio sein
erstes Automobil erwarb, einen Lloyd
400, hatte er von meinem Onkel, also
dem Mann seiner Schwester (der von
drüben) einen Motorroller, wenn ich
mich recht entsinne eine Lambretta,
bekommen.

Heutzutage würde wahrscheinlich die
gesamte Besatzung eines
Mannschaftswagens der Verkehrspolizei

Köln vor Schreck in ein tiefes Koma fallen, wenn sie die gesamte dreiköpfige Familie auf dem Roller erblicken würde. Ich hatte dabei lediglich einen Stehplatz, aber immerhin in der ersten Reihe, dahinter kam Jupp als Pilot und ganz hinten auf dem Sozius sass sich meine Mutter den Arsch platt. So machten wir dann eine Vielzahl von Ausflügen zu dritt auf dem Motorroller. Ich muss sagen, es war für mich als Kind ganz schön, vorne im Roller zu stehen und Alles überblicken zu können. An dieser Stelle also keine Kritik von mir. Kurz nachdem Jupp den Roller bekommen hatte, fuhren wir also alle drei nach Kalk und dort auf den Kaufhofparkplatz. Am Eingang des Parkplatzes liess Jupp meine Mutter und mich absteigen und fuhr dann weiter in den hinteren Bereich des Parkplatzes, um den Roller dort abzustellen. Wenige Sekunden danach hörte man die Parkaktion dann deutlich bis zum Eingang und wiederum einige Sekunden später kam dann Jupp angelatscht und regte sich ansatzlos masslos darüber auf, dass mit dem Roller etwas ganz und gar nicht in Ordnung sei. Wir gingen also alle zum Fahrzeug, um zu begutachten, was mit dem Roller, der auf der Hinfahrt völlig in Ordnung gewesen war, nicht stimmte. Das Schutzblech des vorderen Rads, so sahen wir mit Schrecken war verbeult und bis auf den Reifen eingedrückt. Jupp hatte den Roller also im wahrsten Sinne des Wortes an der Wand geparkt. Selbstverständlich ohne sein Verschulden. Die Herstellerfirma in Mailand war schuld, mein Onkel und Vorbesitzer sowieso und ausserdem war diese Sache mit der Gangschaltung am Lenkergriff und der Kupplung doch völlig bescheuert. Die exakten Details, was nun so bekloppt daran war, kann ich nicht mehr wiedergeben und verstand ich damals wohl auch nicht so richtig. Wichtig war eben nur, dass praktisch jeder Arsch in Köln, NRW und Deutschland Schuld hatte, die Italiener sowieso, nur Jupp nicht. Vom Kaufhof-Parkplatz aus fuhren wir dann später mit auf dem Vorderrad schleifendem Schutzblech zu meinen Grosseltern, die nur wenige hundert Meter entfernt wohnten. Dort wurde dann jedem Bewohner der Bertramstrasse, der sein Hörgerät nicht ausgeschaltet hatte, nochmals klargemacht, was die Italiener, sein Schwager, oder sonst irgendjemand wieder für eine Scheisse veranstaltet hätten. Und nun sei deswegen sein Roller verbeult. Um das Schleifen auf dem Vorderrad abzustellen, wurde dann das Schutzblech soweit wieder nach vorne vom Reifen weg gezogen, dass es nicht mehr schleifen konnte. Kurz danach fuhren wir dann nach hause. Zum Glück waren die Italiener, mein Onkel und alle Anderen wohl für diesen Tag zufrieden mit ihrem Zerstörungswerk, so dass wir ohne Zwischenfall den Heimweg meisterten und auch der Parkvorgang zufriedenstellend abgeschlossen werden konnte. Ach, diese verflixten Südländer aber auch....

Jupps Autos

Das Zeitalter des Lambretta Rollers endete, als ein Bekannter Jupps, es war derselbe, bei dem an anderer Stelle im Buch die unsägliche Kommunionsfeier seiner Tochter stattfand und der in Sankt Augustin nicht allzu weit von Siegburg entfernt lebte, mit einem Angebot auftrat, welches man ihm offeriert hatte. Man hatte ihm ein Auto angeboten,

welches er für dreihundert DM erstehen
konnte und das er nun Jupp zum Kauf
anbot. Jupp wog also alle dafür und
dagegen sprechenden Argumente ab und
beschloss, seiner Familie für die Zukunft
den paradiesischen Luxus eines eigenen
Fortbewegungsmittels zu bieten, bei dem
allen Mitreisenden eigene Sitzplätze
ohne Aufpreis geboten werden konnten.
Kurz und gut, Jupp griff zu und erwarb
sein erstes Auto. Damit war der
Startschuss für eine automobile Galerie
gefallen. Man kann eigentlich selbst bei
kritischster Betrachtungsweise Jupp
nicht unterstellen, dass er ein besonderes
Getue um seine jeweiligen Autos
gemacht hätte oder sie zu seinem
Heiligtum oder Fetisch   gemacht hätte.
Soviel muss man schon zugeben, für
Jupp blieben es immer nur Autos und
Mittel zum Zweck, nicht mehr, nicht
weniger. Das verhinderte aber
keineswegs, dass Jupps Erzählungen
über die Eigenschaftenseines jeweiligen
Fahrzeugs oft nicht den werksseitig
veröffentlichten Parametern des
jeweiligen Gefährts entnommen waren,
sondern mehr dem Bereich der Fantasy-
Literatur entsprungen schienen. So

wurden gerne Fabelwerte über den Treibstoffverbrauch erwähnt, angeblich penibel belegt durch die notierten Werte über Tankfüllungen und gefahrene Kilometer in einem kleinen goldenen Notizbuch, dessen Inhalt so geheim war, dass es nie jemand einsehen durfte. Besonders wunder nimmt das bei den Verbrauchswerten über einen Mercedes 230, den er erstens von mir übernommen hatte und der bei mir die handelsüblichen Verbrauchswerte aufgewiesen hatte und bei dem zweitens der Kilometerzähler kaputt gegangen war und man darum gar nicht mehr erkennen konnte, wieviele Kilometer man zwischen den Tankstopps zurückgelegt hatte. Das Fehlen dieser Information macht es meines Wissens aber praktisch unmöglich, den auf einhundert Kilometer errechneten Durchschnittsverbrauch zu ermitteln.

Jupp konnte das aber wohl und kam auf Verbrauchswerte von enormer Qualität. Auch die Beschleunigungswerte eines Opel-Vectra Automatic, die Jupps Erzählungen zu entnehmen waren, hätten Sebastian Vettel vor Neid grün anlaufen lassen. Im weiteren werden nun die

automobilen Fantasy - Stars Colonia
Jupps vorgestellt. Die dabei gemachten
technischen Angaben sind den
Datenblättern der Hersteller entnommen
und werden weitgehend uninterpretiert
weitergegeben.

Der erste Wagen, der wie eingangs
erwähnt, erworben wurde war ein Lloyd
400 LP, ein Kleinstwagen, den die
Lloyd Motoren Werke G.m.b.H. in
Bremen von 1953 bis 1957 als
Nachfolger des Lloyd 300 bauten. Das
Gerät erbrachte eine Leistung von 13 PS
Der Motor brauchte ein Benzin-Öl-
Gemisch im Verhältnis 1 : 25. Eine
Besonderheit war übrigens die Tatsache,
dass es zum Schalten dieser Fahrzeuge
nötig war, Zwischengas zu geben, etwas,
zu dem wenn ich Jupp richtig verstanden
habe nur die wahren Koryphäen unter
den PS-Dompteuren fähig waren. Die
ersten Modelle dieser Serie hatten noch
wie sein Vorgängermodell Lloyd 300
Karosserieteile aus kunstlederbespannten
Sperrholzschalen, was den Spitznamen
„Leukoplastbomber" rechtfertigte. Jupps
Modell hingegen war eines der ab 1954
ganz aus Blech gefertigten Fahrzeuge.
Die beiden Seitentüren waren hinten

angeschlagen und eine Kofferraumhaube gab es nicht. Das Gepäckfach im Heck musste also von innen durch die umklappbare Rückenlehne beladen werden.

Der Lloyd 400 LP in Stavoren / Holland

Das Cockpit des Lloyd 400

Die Spitzengeschwindigkeit des Lloyd 400 wurde von den Borgwardwerken mit fünfundsiebzig Stundenkilometern angegeben.

Nach einigen Jahren wurde dann zusammen mit einem wahrscheinlich stärker werdenden Drang, sich noch mehr dem ungezügelten Geschwindigkeitsrausch hinzugeben der Lloyd 400 ersetzt durch einen Lloyd Alexander TS

Der Lloyd Alexander war ebenfalls ein Kleinwagen der zur Borgwardgruppe gehörenden Lloyd Motoren Werke GmbH in Bremen, der 1957 auf den Markt kam. Er war die Weiterentwicklung des seit 1955 gebauten Lloyd 600 mit wesentlichen Änderungen gegenüber diesem weiterhin gebauten Modell. Größte Verbesserung war der jetzt von außen zugängliche Kofferraum hinten; die seitlichen Schiebefenster wurden durch voll versenkbare Kurbelfenster ersetzt. Im Gegensatz zum 600 mit Dreiganggetriebe und Krückstockschaltung hatte der *Alexander* ein synchronisiertes Vierganggetriebe mit Lenkradschaltung. Satte fünfundzwanzig (in Zahlen: 25) PS beschleunigten diesen Feuerstuhl in mal gerade 60 Sekunden vom Stand auf einhundert Stundenkilometer. die Spitzengeschwindigkeit lag dabei dann bei einhundertundzehn. Der Stolz auf diesen Semi-Rennwagen wäre sicher noch grösser gewesen, wenn er nicht rosafarben gewesen wäre. Nun ja, man kann nicht alles haben, entweder Speed-Attack oder schöne Farbe.

Der Alexander TS

Nach einigen Jahren in der Welt der Hochgeschwindigkeitsreisen verstarb der 600 ccm - Motor des Lloyd Alexander TS dann ohne Vorwarnung, oder zumindest ohne eine von wem auch immer bemerkte Vorwarnung auf einer Kreuzung in Köln Vingst. Eine Reparatur war zu teuer und die nötigen Ersatzteile zu beschaffen schwer, da das Automobilwerk 1961 zu existieren aufgehört hatte. Eine automobile Umorientierung war also nötig und die liess Jupp dann weg vom Hochgeschwindigkeitsreisen und hin zum gemütlich behäbigen Luxusreisen tendieren. Ein vergleichsweise grossdimensionierter Ford 12M sollte es dann werden. Ford hatte 1952 die ersten neuen Ford-Modelle nach dem zweiten Weltkrieg präsentiert, den 12M, wobei die zwölf für die Hubraumgrösse des Motors stand, nämlich 1172 ccm und das „M" für Meisterstück. Die von 1952 an gebaute Version wurde geziert durch eine Weltkugel im vorderen Motorhaubensegment. Eine stärkere Motorisierung gab es mit dem 1498 ccm Motor und gleicher Karosserie ebenfalls. 1959 fand eine Überarbeitung des Modells statt, bei der die Weltkugel wegfiel, ansonsten aber die Karosserie beibehalten wurde, ebenso die zur Wahl stehenden Antriebsagreggate. Dieses Modell, das von 1959 bis 1962 gebaut wurde, war das Modell, welches uns als Transportmittel zukünftig dienen sollte.

der Ford 12m in Stavoren

Im Vergleich zu dem Vorgängerauto war die Limousine von Ford schon ein echtes Familienauto mit immerhin 38 PS unter der grossen Motorhaube. satte 112 km wurden seitens der Ford-Werke als Spitzengeschwindigkeit angegeben.

Leider war auch dieses Modell nicht für die Ewigkeit gebaut und nachdem das Teil lange Jahre lang seine Insassen trocken und einigermassen bequem von A nach B gebracht hatte, musste auch dieser PKW durch ein Anderes ersetzt werden. Hier nun wurde der erste Schritt in die falsche Richtung getan, man erwarb einen Opel Rekord A.

Der Rekord A in Wenholthausen /
Sauerland

danach kamen dann noch ein
Opel Rekord C
Ford Consul
Ford Granada
Opel Rekord E
Mercedes 230
und natürlich der unsagbare Opel Vectra
Automatic mit der legendären „S"-Taste,

auch bekannt als das „weisse Batmobil".

Noch später folgten dann noch ein
Renault Twingo, der bekannt wurde
durch Jupps Erzählungen über
Treibstoffverbrauchswerte, die nicht nur
absolut unglaubwürdig klangen sondern
schlicht dem Reich der Phantasie
entnommen sein mussten. Diese

Fabelwerte wurden in einem goldenen Notizbuch vermerkt, welches nach Jupps Dahinscheiden aber nie gefunden wurde, obwohl Scharen moderner Schatzsucher sich auf die Suche gemacht hatten. Mutmassungen über den Wert des Notizbuches, den es zum Beispiel für den VW-Konzern hätte, sprechen von Summen im astronomischen Bereich.

Zurück zum ersten Automobil der langen Reihe. Jupp war also durchaus willens, der Familie ein standesgemässes Fortbewegungsinstrumentarium zur Verfügung zu stellen und so fuhren wir dann mit meinem Onkel (ja ja, dem von drüben) nach St.Augustin, um uns den Hobel aus dem Hause Borgward anzusehen. Jupp war sofort Feuer und Flamme, sah sich aber dennoch Alles sehr sehr kritisch an, entschloss sich dann aber doch zum Erwerb des Zweitakters. Der Deal wurde also abgeschlossen, das Geld wechselte den Besitzer, das sagen wir mal Auto auch und meine Mutter und ich sollten uns in die Schleuder werfen, damit es losgehen könnte. Sofort begann ich meinem Wunsch Ausdruck zu verleihen, lieber im Automobil meines Onkels, einem

VW-Käfer mitzufahren. Der Lloyd 400 machte mir gehörig Angst. Sicherheitsgurte waren zu dieser Zeit noch praktisch unbekannt aber wenn es sie gegeben hätte, wäre das Motto wohl gewesen: „In diesem Auto schnallt man sich nicht an, hier wird mannhaft gestorben!" Egal wieviel Angst ich hatte, mir wurde da wenig Wahl gelassen und ich musste auf der Rücksitzbank Platz nehmen. Heutzutage wird ja oft die Touristenklasse in Ferienfliegern als Holzbankklasse bezeichnet. Nun, DIE, die das sagen, sollten mal in einem Lloyd 400 auf dem Rücksitz mitgefahren sein, bevor sie noch mal ihr blödes kritiktriefendes Maul aufreissen.

Die Heimfahrt wurde dann aber im Wesentlichen davon geprägt, dass Jupp seinen beiden Mitfahrern fachkundige Kommentare zu Strassenlage, Motorleistung und Laufruhe zubrüllte, die ich erstens rein technisch und zweitens der Lautstärke wegen nicht verstand.

Kapitel 11

*In dem ich mich im Siebengebirge mal
wieder nicht „am Riemen gerissen
habe", als es nötig war.*

Besuch am Drachenfels

Eines schönen Sonntags überraschten
meine Eltern mich mit der für normale
Verhältnisse wirklich innovativen Idee,
des Nachmittags statt des üblichen „wir
latschen durch den Königsforst und
finden das prima"-Programms einmal ins
Siebengebirge zu fahren und dort dann
die Burgruine auf dem Drachenfels zu
besuchen. Für einen zu diesem Zeitpunkt
vielleicht acht- oder neunjährigen
Jungen, selbst für einen so völlig „aus
der Art geschlagenen" wie mich war es
natürlich eine faszinierende Vorstellung,
eine echte Ritterburg, auch wenn es nur
eine Ruine ist, zu besuchen. Durch die
Reste der Burg zu laufen, dort wo
hunderte von Jahren zuvor die Ritter in
ihren Rüstungen scheppernd den
Burgfrolleins nachgestellt hatten oder
was mich zu diesem Zeitpunkt wohl
noch mehr interessierte, sich mit
Schwertern geschlagen hatten, regte
meine Vorfreude aufs Äusserste an. Ich

konnte es kaum erwarten, die Burgruine zu sehen, zu betreten und durch Phantasie mit Leben zu erfüllen. Leider musste zuerst noch der lange steile Weg vom Parkplatz zur Spitze des Drachenfels bewältigt werden. Wacker und mit Vorfreude erfüllt marschierte ich also los. Es kam natürlich wie es kommen musste. Noch vor der Mitte des Aufstiegs schmerzten meine Füsse mit unangenehmer Intensität, die Riemchen meiner neuen Sandalen, die ich hatte anziehen müssen, scheuerten unangenehm bei jedem Schritt und ich begann, meiner Pein Worte zu verleihen. Kaum hatte ich meine Beschwerden quängelnd zur Sprache gebracht, man muss an dieser Stelle in Betracht ziehen, dass ich schliesslich für jeden Schritt, den Colonia Jupp tat, zwei oder drei Schritte machen musste, da begann auch schon die mühsame anscheinend nie enden wollende Erziehungsarbeit meiner Eltern. Nach einer mit zusammengekniffenenen Augen warnend hervorgebrachten Empfehlung meines geschätzten Vaters sollte ich mich mal gefälligst ein bisschen am Riemen reissen. An welchem Riemen

nun genau ich mich ziehend oder
reissend zu betätigen hatte, wurde nicht
näher erläutert und so blieb ich vorerst
nörglerisch und unzufrieden.
Mittlerweile habe ich eine Vorstellung
davon, wo ich in reissender Art hätte
tätig werden sollen. Verwirrend bleibt es
dennoch, da die Tätigkeit des
Riemenreissens wohl vorrangig aus dem
militärischen Jargon kommt und Jupp
niemals in irgendeiner Armee gedient
hatte. Unter einem Riemen versteht man
im weitesten Sinne ein längliches
schmales Stück Leder. Die veraltete
Bezeichnung für einen Gurt Gürtel, der
zumindest früher immer aus Leder
bestand, ist somit eben Riemen. Und
eben der Gürtel ist auch gemeint, wenn
jemand verlangt, dass man sich am
Riemen reiße. Die Redewendung ist
wohl zur Zeit des Ersten Weltkriegs
aufgekommen. Damals (wohl auch vor-
und nachher) galt es, stets in tadelloser
Haltung und Uniform vor den
Vorgesetzten zu erscheinen, sei es beim
morgendlichen Appell, oder im dicksten
Schlachtgetümmel. Nachlässigkeiten
hielt man für stark moralschädigend.
Einer der elementaren Anforderungen

war zum Beispiel, dass die Gürtelschnalle genau in der Mitte saß; nicht drei Zentimeter links der Knopfleiste, nicht zwei Zentimeter rechts davon, sondern genau mittig. Andernfalls musste sich der Soldat eben wortwörtlich schleunigst am Riemen reißen, ihn also in die vorgeschriebene Lage ziehen, um die Moral der Truppe in Höchstform zu bringen. Seltsam bleibt, dass beim gesamten Riemenreissritual niemals von schmerzenden Füssen und steilen Wanderwegen dieRede war.

Vielleicht hatten meine glorreichen Eltern ja doch recht mit ihrer Behauptung, ich sei für Alles zu blöd, denn mehrere Versuche, mich am Riemen zu reissen brachten keinerlei positives Ergebnis bezüglich meiner Schmerzen in den Gehwerkzeugen. Nach einer meiner Ansicht nach üppigen Anzahl von fehlgeschlagenen „am-Riemen-reiss-Versuchen" tat ich dann kund, dass meine Füsse immer noch und immer mehr schmerzten. Um meinen Versuchen, mich am Riemen zu reissen, ein wenig mehr Motivation zu verleihen, wurde ich daraufhin sofort von beiden Elternteilen ernsthaft dahingehend belehrt, was für eine bekloppte Memme ich eigentlich sei. Um zu demonstrieren, dass sie selbst aus einem ganz anderen Holz geschnitzt seien, als ihr missratener Sprössling, wurde der Textteil, der im wesentlichen aus den Vokabeln bekloppt und Memme bestand, im weiteren Verlauf des Weges bis zum Gipfel dann noch mehrfach, immer wenn andere Spaziergänger bergan oder bergab in Sicht- und Hörweite gelangten, lautstark wiederholt. Als dann nach Erreichen des Gipfels und der darauf thronenden Burgruine auch alle anderen Besucher nachhaltig darüber informiert worden waren, dass ich eine bekloppte Memme sei, wurde noch im Schweinsgalopp durch die Ruine gelatscht, um dann den Rückweg anzutreten. Schliesslich kam ja um 18.45 Uhr die Sportschau im TV und die wollte Jupp auf keinen Fall verpassen. Ich war ja durch mein Gequängel und meine lahmarschige Gehweise selbst Schuld, dass wir nicht mehr Zeit für die Burg übrig hatten. Selbst unter höchster Anstrengung reichte meine Phantasie nicht aus, die Burg in so kurzer Zeit vor meinem geistigen Auge mit Leben zu erfüllen.

83

Also latschten wir den steilen Weg wieder runter, meine Füsse taten mehr und mehr weh und ich war immer noch eine bekloppte Memme. Ausserdem sollte ich mir nicht einbilden, dass man mit mir noch mal so einen interessanten Ausflug machen würde, so wurde ich unterrichtet. Unten angekommen wurde dann, als ich ins Auto klettern sollte bemerkt, dass einer meiner neuen Sandalen stark blutbesudelt war. Das Riemchen hatte mir den Fuss aufgescheuert und zum Bluten gebracht.

Auf dem Heimweg musste ich mir dann die originelle Frage anhören, warum ich denn nichts gesagt hätte. Die glorreichen Zwei einigten sich diesbezüglich dann darauf, dass ich doch wirklich ne „komische Hellije" sei. Es war nebenbei vermerkt sehr grosszügig von meinen Eltern, dass mir der Wert der nun blutbesudelten Sandalen nicht vom Taschengeld abgezogen wurde

Kapitel 12

in dem ich ernsthaft versuche, dem grossen Vorbild „Colonia Jupp" nachzueifern und dabei zu meinem

eigenen Entzücken ungeahnte
Fortschritte verbuchen kann .

eines Abends im Sommer lungerten wie
üblich mein Freund Udo vom zweiten
Stock des Hauses und ich vorm Eingang
unseres Hauses rum und wussten nichts
Richtiges mit unserer Zeit anzufangen,
als Jupp von der Arbeit kam, unserer
ansichtig wurde und spontan beschloss,
sich ein paar Minuten Zeit zu nehmen
und uns zu erzählen, was er damals so in
seiner Jugend alles angestellt hatte und
was er und seine Freunde für
Teufelskerle gewesen seien. es war
verwunderlich, dass damals jemand im
Viertel die Streiche der Bande überlebt
hatte. Ich nehme aber nach seinen
Erzählungen an, dass die
Bombennächte von 1945 den
Bewohnern der Gegend rund um Jupps
Wohnort wie eine Erholung
vorgekommen waren. Interessant
allerdings war eine Episode, in der die
Colonia-Jupp-Gang damals einen
Pflasterstein in eine Seite Zeitungspapier
eingewickelt hatten, dieses Gesamtpaket
dann auf dem Gehweg platziert und aus
sicherem Versteck heraus beobachtet
hatten, wie sich jemand gemein den Fuss

dabei wehtat, wenn er die vermeintliche
Zeitungspapierkugel wegschiessen
wollte. Das, so schien uns, liess sich mit
wenig Aufwand nachstellen. Nachdem
Jupp, damit zufrieden, uns mal wieder
eine Lektion zum Thema sinnvolle
Freizeitbeschäftigung vermittelt zu
haben, zum Abendessen im Haus
verschwunden war, beschlossen wir, uns
in Kürze einmal in ein für Jupp
positiveres Licht zu rücken und einen
der an biblische Plagen erinnernden
Streiche nachzuahmen, die Jupp
beschrieben hatte. Es vergingen dann
aber noch Tage oder gar Wochen, bis
wir zur Tat schritten und wie üblich
zunächst keinerlei Erfolg zu verzeichnen
hatten. Kein Schwein trat gegen die
Zeitungspapierkugel, die ich
höchstpersönlich mit grosser Sorgfalt
präpariert hatte. Missmutig verliessen
wir nach Stunden ewartungsvoller
Observierung die Stelle des
verunglückten Attentats und schlichen
nach Hause. es war ein heisser Tag
gewesen und wie so oft nervte mein
Vater nach dem pünktlich
eingenommenen und bereits der
Kläranlage übermittelten Abendessen

den Rest seiner Familie mit dem Vorschlag, eine Runde spazieren zu gehen. In seiner Vorstellung hätten nun alle begeistert in die Hände klatschen müssen angesichts dieses Ideenreichtums, den der Herrscher seiner 60qm Parterre-Sozialbauburg wieder mal unter Beweis stellte. Entgegen schlug ihm daraufhin mässige Begeisterung (bei seiner Frau) bis zu brummeligem Missmut (bei mir) sowie bräsigem Desinteresse bei meinem Bruder, der sowieso nur feist rumliegend in seinem Kinderwagen durch die Gegend geschoben wurde. Das freilich änderte nichts an der sofortigen begeisterten Umsetzung durch Jupp selbst, der seine Untertanen mit strenger Stimme anspornte, voran zu machen. Warum eigentlich Eile geboten war, wusste niemand, denn wir befanden uns weder auf der Flucht, noch stand zu befürchten, dass eine plötzliche Ausgangssperre verhängt würde.

Es wurde dabei immer wieder der gleiche Weg eingeschlagen, der uns nach knapp einer Stunde wieder nach hause führen würde. An bewusstem Abend aber ereignete sich etwas

Unvorhergesehenes, was zwar den Weg streckentechnisch verkürzte, nicht aber die Dauer des ansonsten ereignislosen Spaziergangs. Etwas, das zumindest in mir wie ich zu meiner Schande gestehen muss, eine mühsam zurückgehaltene Heiterkeit und ein wenig Stolz entfachte. Im Sommer neigte Jupp dazu, Sandalen zu tragen, die eine möglichst grosse Freiheit der Zehen garantierte. An diesem Abend also gingen wir wie üblich den gleichen Weg und Jupp erspähte mit Adlerblick eine aus Zeitungspapier geformte Kugel.An dieser Stelle hätte ich vielleicht ein Warnung ausstossen sollen, was ich aber nicht tat und das Schiksal seinen Lauf nahm. im Folgenden war das Shicksal auch das einzige, bei dem man noch von Lauf reden konnte. In jugendlichem Übermut holte Jupp angesichts der Herausforderung gewaltig aus, um seinem Sohn mal zu zeigen, wie Papi einen zusammengeknüllten Zeitungspapierball ins Orbit katapultiert, der auf dem Weg liegt. Der Papierball hob nach dem fulminanten Tritt zwar ab, aber deutlich weniger dynamisch, als man erwarten durfte nach dem

gewaltigen Tritt zu urteilen, den Jupp
ihm verpasst hatte. Das lag , wie ich sehr
wohl wusste, daran, dass ich das Teil
schliesslich des Nachmittags selbst
dahingehend präpariert hatte um etwas in
dieser Art zu erwirken, allerdings nicht,
um ausgerechnet Jupp damit zu treffen,
das war eher ein (un)glücklicher Zufall.
Der Grund für die eher mässige Wirkung
war eben der extra große Pflasterstein,
der verborgen in der Papierkugel steckte
und den Jupp soeben mit nackten Zehen
gut zwei Meter weiterkatapultiert hatte.
Jupps Reaktion übertraf gekonnt all
meine ohnedies hohen Erwartungen.
Sein dicker Zeh schwoll zügig an, sein
Gesicht wechselte sogar noch zügiger
die Farbe und seine Augen wurden
ungefähr untertassengroß, während er
mühsam nach Luft schnappte und einige
Verwünschungen krächzte, die sich aber
mangels Wissen um die Urheberschaft
des miss- oder je nach Sichtweise
gelungenen Streichs nicht auf mich
bezogen. Jupps Sichtweise war
anscheinend eher negativ, es gab sogar
deutliche Anzeichen dafür, dass Jupp
sich der Komik an der Situation gar nicht
so richtig bewusst war. Ich schätze

sogar, bei dieser Gelegenheit hätte er mir dann doch den Kopf zwischen den Ohren weggeschlagen, wenn er mich damit in Verbindung gebracht hätte. Dabei waren es ja ironischerweise seine eigenen Ausführungen gewesen, die uns diese Idee hatte verwirklichen lassen. Es ist aber mehr als fraglich, ob Jupp genügend Objektivität hätte aufbringen können, die, wenn ich seine teilweise sehr abgehackten Bemerkungen richtig verstehe, wohl eher schmerzhafte Situation in diesem Licht zu betrachten. Wie dem auch sei, angesichts Jupps geringer Neigung, das Humorvolle an der Situation zu honorieren, beschloss ich, auf die eventuellen Lorbeeren für meinen gelungenen Streich zu verzichten und behielt das Ganze für mich. Ich muss an dieser Stelle gestehen, dass ich auf dem Rückweg ein gehörigen Bammel davor hatte, dass vielleicht mein Mitverschwörer Udo wie oft vor dem Haus rumlungern würde und durch eine unbedachte Bemerkung eine Lawine der Repressalien auslösen würde. dem war aber nicht so und ich nahm die erste Gelegenheit wahr, in die zweite Etage zu rasen, meinem Kumpel

von unserem Erfolg zu berichten und
eindringlich dahingehend zu instruieren,
dass strengstes Stillschweigen das Gebot
der Stunde sei. Ins Zielfeuer von Jupps
Unmut gelangte ich dann aber des
Abends doch noch, als ich anmerkte,
dass es vielleicht einfach keine so tolle
Idee sei, gegen alles zu treten, was auf
dem Weg rumliegt. Während Jupp
seinen mächtig geschwollenen Zeh im
Fussbad, welches aus kaltem Wasser in
unserer Salatschüssel bestand, kühlte,
wurde mir ohne jede Verzögerung
detailliert mitgeteilt, gegen welche
meiner Körperpartien er zu treten
gedächte, sobald sein Zeh wieder die
normale Grösse wiedergewonnen hätte.
Soweit ich mich erinnere, erfuhr
namentlich mein Arsch dabei sogar
mehrfach Erwähnungen. Damit blieb
Jupp deutlich unter seinem sonst
üblichen Niveau, da
Mehrfachnennungen durch Punktabzug
bestraft werden. Allerdings machte er
durch eine besonders entschlossen
grimmige Mimik wieder einiges an
Boden gut. An diesem Abend
kommandierte Jupp seine Untertanen
dann von der Couch aus, auf der er sich

ausgestreckt hatte und wild losbrüllte, wenn jemand sich näher als 70 Centimeter an seinen Zeh wagte, jemand vor dem Fernsehgerät herlief oder jemand ihm zu spät ein von ihm begehrtes Getränk brachte. also eigentlich ein normaler Abend, nur ein wenig farbiger und ein wenig lustiger, wenn sich Jupp gezwungen sah, die Toilette aufzusuchen.

Am folgenden Morgen wachte ich ungewöhnlich früh auf, aufgeweckt durch das unartikulierte Geschrei Jupps, als er versuchte, seine Schuhe anzuziehen, um sich zur Arbeit fertig zu machen. Ich schlief aber schnell wieder ein, als Jupps Gezeter mit zunehmender Entfernung zu meiner Schlafstätte leiser wurde. Der Tag war wieder sonnig und warm, dennoch wurde trotz meines diesbezüglichen Vorschlags auf den Abendspaziergang verzichtet.

Noch einen Tag weiter und obwohl alle wie immer Samstags frei hatten, humpelte Jupp dennoch pünktlich um 8.00 Uhr ins Zimmer, um mich zum Frühstück aus dem Bett zu werfen. Beim rituellen Schneiden der Zehennägel nach dem Frühstück am Frühstückstisch konnte ich einen Blick auf Jupps dicken Zeh werfen, der angesichts seines kugelförmigen Aussehens den Begriff „dicker Zeh" völlig zu Recht trug. Auch farblich konnte man dem tennisballgrossen Gebilde einiges abgewinnen.

Der darauf folgende Sonntag erfuhr Gott sei Dank aufgrund der misslichen Umstände in Verbindung mit Jupps Gehwerkzeug ein Abänderung zum sonst üblichen Ritual. Es fand diesmal keine Fahrt in den Königsforst nach dem Mittagessen statt, um dort spazieren zu gehen. Ich konnte endlich mal Bonanza im TV sehen.

Kapitel 11

in dem eine der hervorragendsten Tugenden Jupps thematisiert wird - Pünklichkeit - und wie daraus in üblicher Übertreibung der Zifferblatt - Terrorismus wird.

Als Pünktlichkeit bezeichnet man allgemeinhin die Eigenschaft einer Person, einen verabredeten Zeitpunkt oder einen Termin präzise einzuhalten.

Ich gebe zu, dass dieses Thema eigentlich keines von denen ist, die ausgerechnet ich beleuchten oder gar zur Kritik an Anderen heranziehen sollte, denn Pünktlichkeit ist absolut nicht eine meiner Tugenden, sofern man mal positiv davon ausgeht, dass ich so etwas wie Tugenden überhaupt besitze. Pünktlichkeit geht in postindustriellen Gesellschaften Hand in Hand mit Verlässlichkeit und Höflichkeit. Aber, so muss ich an dieser Stelle, da es ja um Jupps Tugendhaftigkeit geht, sofort mal anmerken, dass jemand , der zu spät kommt und jemand, der zu früh kommt, eine Gemeinsamkeit haben: beide sind unpünktlich.

Pünktlichkeit galt und gilt noch immer neben Fleiß und Sparsamkeit als so genannte bürgerliche Tugend. Bei Verkehrsmitteln, so muss ich gestehen, halte ich sehr viel von Pünktlichkeit in Bezug auf die Einhaltung des Fahr- oder Flugplans. Das liget im Wesentlichen daran, dass eine Konstante im Thema der Pünktlichkeit die Tatsache ist, dass meistens die Leute, die zu spät kommen, fröhlicher sind als die, die auf sie warten mußten. Insofern zähle ich also auch

94

nicht unbedingt zu den Menschen, die
gerne irgendwo warten müssen, falls es
überhaupt solche gibt. Wie in praktisch
allen Dingen, die also eigentlich zu den
Tugenden gezählt werden müssten,
schiesst Jupp natürlich gekonnt und
zielstrebig über den Rahmen des
erträglichen Masses raus und pervertiert
die ursächlich gute Angewohnheit bis
zur Unkenntlichkeit. Wenn man einmal
ein lineares, horizontales
Zeitverständnis wie in unseren
westlichen Kulturen üblich ist,
voraussetzt, dann bedeutet pünktlich zu
sein, dass man zu einem vorher
verabredeten Zeitpunkt erscheint. Oft
gilt es sogar als besonders pünktlich,
wenn man fünf Minuten vor dem
verabredeten Zeitpunkt vor Ort ist.
Nirgendwo aber auf der Welt, weder in
monochromen Kulturen und schon gar
nicht in polychromen Kulturen, deren
Zeitplanung mit einem vertikalen oder
zyklischen Zeitverständnis relativ
flexibel gehandhabt wird, ist es als
normal anzusehen, dass jemand stets
mindestens 30 Minuten zu früh erscheint
und dann bereits fünf Minuten VOR dem
eigentlich verabredeten Zeitpunkt

anfängt, wie ein Berserker zu toben und darüber zu lamentieren, dass der Andere erst so spät erscheint. Dabei muss man natürlich auch noch in Betracht ziehen, dass das Dumme am Juppschen Überpünktlichsein war, daß eben gewöhnlich niemand da war, der seine überbordende Tugendhaftigkeit zur Kenntnis nehmen konnte. Da Jupps angebliche Tugenden aber allesamt nur ständig jedem Anderen um die Horchlappen gehauen wurden, um sich selbst das Etikett „besonders wertvoll" aufkleben zu können, war dieser Umstand natürlich schon angetan, ihn aus der Haut fahren zu lassen.

Wie weiter vorn geschrieben, steht Pünklichkeit ja auch zumindest in unserem Kulturkreis für Begriffe wie Verlässlichkeit und Höflichkeit. Jupp schaffte es natürlich mühelos, der Tugend Pünktlichkeit den Makel fortgeschrittener Unhöflichkeit anzuheften. Irgendwann an einem Sonntag war Jupp samt Familie zu einer Familienfeier anlässlich der Erstkommunion der Tochter des Hauses eingeladen. Die Einladung beinhaltete die Bitte, um zwölf Uhr Mittags zum

Mittagessen zu erscheinen. Das fand
Jupp gut. Zwölf Uhr pünktlich
mittagessen war genau sein Ding. Das
hatte er drauf wie sonst keiner.
Frühzeitig machte sich also bei uns zu
hause eine gewisse Hektik breit,
vermischt mit gutgemeinten Ratschlägen
bezüglich der Körperpartie, die ich
gefälligst zu bewegen hätte oder die
widrigenfalls nähere Bekanntschaft mit
Jupps rechtem Fuss schliessen würde.
Die Fahrzeit bis zum Ort des
Mittagessens betrug normalerweise ca.
dreissig Minuten. Da man aber die eine
oder andere eventuelle Verzögerung
vorsichtshalber einplanen wollte, wie
zum Beispiel ein plötzlich und
unerwartet auftretender Taifun
unmittelbar vor der Motorhaube unseres
Fahrzeugs, fuhr man lieber etwas früher
los. Nach Jupps Begriffen kam man
noch so gerade rechtzeitig, praktisch auf
den letzten Drücker am Ziel an. Die Uhr
zeigte 11.25 Uhr. Jupp stürmte zur Tür
und klingelte, verlieh seiner Meinung
Ausdruck, dass die wohl noch mit dem
Arsch im Bett liegen und klingelte nach
7 Sekunden dann noch mal. Gepolter in
der Wohnung war zu hören,

wahrscheinlich war jemand gerade aus dem Bett gefallen. Dann wurde die Tür aufgerissen und die Mutter des Kommunionskindes schaute etwas verunsichert zuerst auf ihre Armbanduhr und dann wieder auf uns. Dann fing sie sich wieder, wischte ihre Hände an der Schürze ab, die sie noch umgebunden hatte und meinte, wir sollten doch schon mal ins Wohnzimmer gehen und Platz nehmen. Sofort stürmte Jupp los, um sich den strategisch besten Platz am Esstisch zu reservieren. Wäre der Platz für das Kommunionskind nicht überdeutlich ersichtlich gewesen, hätte er sich sicher sofort dahin gesetzt. Mit leichtem Stirnrunzeln bemerkte Jupp, dass noch keine einzige Schüssel mit Speisen auf dem Tisch stand. Dabei war man doch um Punkt zwölf zum Essen geladen und es war mittlerweile schon 11.30 Uhr. Und wo waren die anderen Gäste? Waren wohl alle wieder nicht mit dem Arsch aus dem Bett gekommen, mutmasste Jupp lautstark. Es wird aufgefallen sein, dass dieses Wort sehr häufig Verwendung findet. Dabei handelt es sich nicht um meine persönliche Vorliebe für das entsprechende Körperteil oder die Verwendung des Begriffs im Allgemeinen sondern darum, dass Jupp offenbar der Meinung war, diese Vokabel mindestens in jedem zweiten Satz verwenden zu müssen, um eine besondere Dynamik und ein hohes Mass an Durchsetzungsvermögen in jeder Kommunikation zu demonstrieren. Seiner Meinung nach demonstrierte er damit sowohl seine starke Verbindung zur Basis wie auch seine Bereitschaft, sich in die tiefen Niederungen der Rhetorik zu begeben, und das trotz seines scharfen immer wachen Intellekts. 25 Minuten später, in denen Jupps Magen so vor sich hinrummelte, von dem Gastgeberehepaar war nichts zu sehen, lediglich lautes Geschirrgeklapper aus der Küche deutete auf dessen Anwesenheit hin, klingelte es und Jupp kommentierte dieses akustische Zeichen für das Eintreffen weiterer Gäste mit den Worten: „ja dat wurd aber langsam auch Zeit". Tatsächlich waren dann um Punkt zwölf so einige Gäste eingetroffen und verteilten sich fröhlich auf die Stühle am Esstisch. Die Gastgeber begannen dann auch ohne weitere

Verzögerung mit dem Auftragen der Speisen. Einige der Gäste hatten Glück, dass es mehrere Schüsseln mit Kartoffeln gab, denn Jupp hatte die erste der Schüsseln natürlich als erster zugreifend praktisch komplett auf seinen Teller entleert. Dabei hatte er mangels höherer Aufnahmekapazität seines Tellers einen Rand von gekochten Kartoffeln rund um diesen gebildet. Um das Ensemble dann farbenfroh zu vervollkommnen, kippte sich Jupp schwungvoll den gesamten Inhalt einer Sauciere mit Bratensauce über seine Kartoffel, und zwar Alle, die auf sowie die neben dem Teller. Das ganze garnierte er dann mit drei oder vier daumendicken Scheiben Braten. Von da an war aus Jupps Richtung nur noch leises Verdauen zu vernehmen. Meiner Meinung nach ein echter Fortschritt zur üblichen Kommunikation. Am Tischende waren noch zwei Stühle frei geblieben, vor denen aber jeweils ein Gedcck aufgetragen war. Anscheinend fehlten also noch zwei Gäste. Um für den Fall, dass diese Gäste noch eintreffen sollten, tat Jupp jedenfalls schon mal Alles, um diese Leute gebührend dafür zu bestrafen, dass sie nicht pünktlich angekommen waren. Vorsichtshalber nahm er also schon mal die restlichen Bratenstücke vom Teller. Dann, tatsächlich klingelte es an der Tür und wenig später traten die zwei noch fehlenden Gäste ins Wohnzimmer, wo ihnen zunächst nur Verdauungsgeräusche entgegenschallten. Sie entschuldigten sich tatsächlich für ihr Zuspätkommen damit, dass sie keinen Parkplatz gefunden hätten. Lächerlich, als wenn es für Zuspätkommen überhaupt eine Entschuldigung gäbe. Die Leute grüssten also alle freundlich und zustimmendes Begrüssen war dann auch die Antwort: „schön, dass ihr jetzt da seid", „Hallo, hatten uns schon Sorgen gemacht", „hallo auch, setzt euch", „leckt mich" und ein kauendes Grunzen von Jupp. Ein paar Reste in einigen Schüsseln, die man mit vereinten Kräften Jupp aus den Händen winden musste, wurden den Zuspätkommern auf die Teller gepackt und Alle waren zufrieden. Also eins war aber ja wohl mal klar: Diese unmöglichen Leute waren ja wohl das allerletzte Gesindel, wie sich meine Eltern auf dem Rückweg gegenseitig emsig versicherten. „ja, dat kommt davon, wenn man nie mit dem Arsch aus dem Bett kommt", war eine Aussage, die im Sekundenrhytmus wiederholt wurde wie ein Mantra. Tatsächlich entrückten meine Eltern auch regelrecht in ein Nirwana der totalen Selbstbeweihräucherung angesichts ihres Pünktlichkeits-Wahns. Wenn man diese beiden Vorzeigespiesser so hörte, hätte man annehmen können, die Leute seien im Pyjama erschienen.

Kapitel 13

im dem ich zum wiederholten Mal behutsam in die Welt des goldenen Handwerks eingeführt werden soll.

Eines Abends verkündete Jupp nach dem Abendessen, dass er am folgenden Tag das Wohnzimmer zu tapezieren gedenke. Nackter Horror durchflutete mich bei dieser Ankündigung, die ungefähr einmal im Jahr ein Schreckensscenario einläutete. Also wurde unverzüglich damit begonnen, das Mobiliar aus dem Wohnzimmer zu schieben, zu zerren oder zu tragen. Abgestellt wurden die Möbel im Zimmer, welches mein kleinerer Bruder und ich bewohnten. Da dieses Zimmer nun auch nicht gerade einem Ballsaal glich, was seine Grösse betrifft, hatte das zur Folge, dass man an keinen Schrank mehr kam, Plattenspieler und Radio natürlich unerreichbar waren und man nur nach einer abenteuerlichen Kletterpartie ins Bett gelangen konnte. Um am folgenden Tag zeitig anfangen zu können wurde dann noch eine abenteuerliche Konstruktion aus dem bis an seine Grenzen ausgezogenen Wohnzimmertisch und sonstigen Möbelstücken aufgebaut, um einen Tapeziertisch zu simulieren Der Kleister wurde dann des Abends noch vorbereitet, damit er genügend Zeit zum Ziehen hatte und dann wurde das Bett aufgesucht.

Der nächste Morgen begann mit dem endgültigen Beweis dafür, dass Morgenstund sicher kein Gold im Mund hat. Um halb acht in der Früh wurde ich aus dem Bett getrieben, da die Tapezierarbeiten nun beginnen sollten, zu der ich ebenso eingeteilt war. Ich schluffte also in die Küche, frühstückte etwas und begab mich dann mit Jupp ins Zimmer, wo es losgehen sollte. Die

Tapetenrollen wurden in viele entsprechend lange Bahnen geschnitten und auf der Tapeziertischsimulation zurechtgelegt. Jupp tauchte den Quast in den Eimer mit Kleister und zeigte seinem ernsthaft interessierten Filius, wie man fachmännisch eine Tapetenbahn einkleistert, mehrfach wurde ich auf die besondere Wichtigkeit dabei hingewiesen, dass Ecken und Ränder besonders gut einzukleistern seien. Die von ihm selbst eingekleisterte Bahn wurde genommen, Jupp, sprang auf einen Küchenstuhl, der an der Wand stand, die als erste tapeziert werden sollte, und pappte das bunte Papierstück erst einmal provisorisch an diese Wand. Nachdem der Klebekontakt zur Wand genügend stark hergestellt war, um die Tapete am einfachen runterfallen zu hindern, hielt Jupp seine geöffnete Hand ungefähr in meine Richtung. Blitzschnell merkte ich, dass er begehrte, irgendein Arbeitsgerät gereicht zu bekommen. Ich kleidete meine Unkenntnis, welches das sein sollte dummerweise in eine Frage. Jupps Ansicht nach hatte ich damit mal wieder bewiesen, wie völlig verblödet ich doch sei und er wies mich nun an, ihm endlich die Bürste zu geben, damit er die Tapete damit glattstreichen könne. Mein Hinweis darauf, dass die Bürste in seiner Hosentasche stecke, wurde mit einem missmutigen Schnauben beantwortet. Desweiteren wurde ich sofort danach barsch angewiesen, nun endlich meinen Arsch zum Tisch zu bewegen, um die nächste Bahn einzukleistern, so wie er es mir vorgemacht habe. Ich schlich also zum Tischprovisorium, rutschte dabei auf den riesigen Pfützen Kleister, die Jupp bei seiner Demonstration nicht auf die Tapctcnbahn sondern auf den Boden daneben befördert hatte fast aus und begann, nachdem ich mich noch so gerade gefangen hatte, schwungvoll Kleister im Zimmer und auf der Bahn zu verteilen. Zwischenzeitlich war Jupp dann knurrend und tobend darüber, dass ihm nun keiner die Schere gereicht hatte, als er diese begehrte, mit seiner ersten Bahn fertig geworden und beäugte fachmännisch sein Werk. Mit den Worten, „Anne, Kaffee", begehrte er von seiner Frau, einen Kaffee zu bekommen, um seine Leistung zu feiern und seinen Unmut über meine neuerliche

Unfähigkeit runterzuspülen. Nach dem Einfüllen des heissen Getränks, entfaltete dieses sofort und unverzüglich seine belebende Wirkung und in einem zweiten Aktivitätsschub wollte Jupp sich an die zweite Bahn machen, kam zum Tisch, um sie an sich zu nehmen. Nach einem fachmännischen Blick auf die von mir eingekleisterte Bahn kam dann ein zarter Einwand von Jupp, der damit begann, dass er mich fragte, was das denn bitte sein solle. Ich stellte mich dumm, was mir ja nicht weiter schwerfiel und Jupp erläuterte, er habe mir doch deutlich mehrere Male gesagt, ich solle besonders darauf achten, die Ecken gründlich einzukleistern. Kleinlaut bemerkte ich, genau das habe ich doch auch getan, woraufhin Jupp streng auf eine Ecke der Tapetenbahn wies, auf der fingerdick der Kleister glänzte. Bevor ich eine Korrektur mit dem Quast vornehmen konnte, wurde dieser mir aus der Hand gerissen und Jupp tunkte ihn in den Kleistereimer, pinselte nochmals über die angesprochene Ecke, so dass der Kleister bis zum zwei Meter entfernten Fenster spritzte und schickte mich unter

Verwünschungen aus dem Zimmer, nicht damit sparend, mir mehrfach deutlich klar zu machen, dass ich ja doch für alles zu blöd sei. Als dann auch der letzte Bewohner des Wohnblocks mitbekommen hatte, dass ich für alles zu blöd war, machte sich Jupp nun an sein einsames Werk und platzierte die zweite Bahn neben der ersten. Ich indessen ging in mein Zimmer, legte mich mit einem Comic in der Hand zufrieden ins Bett, nur um ca. zwei Minuten später von meiner Mutter mit den Worten aufgescheucht zu werden: „das könnte dir so passen, hier faul rum zu liegen, während wir drüben schuften. Ich wurde also erneut ins renovierbedürftige Zimmer getrieben und dabei nachdrücklich ermahnt, mich ab nun nicht mehr weiter so saublöd anzustellen. So stand ich also knapp drei Minuten später wieder am Tapeziertischsimulator und fragte mich, was ich eigentlich nun tun sollte und welche Möglichkeiten sich mir boten, mich noch blöder anzustellen, um endlich meine Ruhe zu bekommen. Zu diesem Thema wurde ich dann schnell noch dahingehend belehrt, was mir widerfahren würde, wenn ich jetzt nicht sofort meinen Arsch bewegen würde, um anständig helfend tätig zu werden. die Belehrungen beinhalteten im wesentlichen Drohungen betreffs meiner zukünftig zu erwartenden Taschengeldzahlungen, Fernsehzeiten, Ausgehzeiten und dergleichen, erstreckten sich auch auf möglichen Stubenarrest und Entzug all meiner Comichefte. Auch mein so gern von beiden Elternteilen angsprochener Arsch, den es ständig zu bewegen galt, wurde das eine oder andere Male erneut erwähnt, vornehmlich in Verbindung mit Jupps Fuss. Originellerweise wurde das Wort Arsch in Bezug auf mich sowohl für das vermutete ensprechende Körperteil wie auch zuweilen für meine ganze Person angewendet, hierbei meistens mit weiteren erklärenden Vokabeln wie „blöder" oder „fauler". Nach diesem furiosen Auftakt in den Tag des Heimwerkers ging es in diesem Stil weiter bis auch die letzte Bahn endlich an der Wand klebte und mir mit dieser auch der letzte Anschiss des Tages gegeben wurde, so dachte ich wenigstens. Weit gefehlt. Erstens wurde während des Abendessens abwechselnd darüber gesprochen, wie wahnsinnig viel Geld uns Jupps Leistung mal wieder gespart hätte, da er schliesslich selbst tapeziert hätte, statt eines Malers und Anstreichers damit zu beauftragen und darüber wie ultrabekloppt doch Menschen wären, die einen Profi damit beauftragen würden. Beim Stichwort ultrabekloppt kam man dann gleich noch mal auf meine Leistung während der Renovierungsarbeiten zu sprechen, die selbstverständlich als ultimativer Beweis absoluter Unfähigkeit auf jedem denkkbaren Gebiet galten. Na, so dachte ich, dieser Tag war ja mal wieder völlig für den Arsch und ICH meinte damit nicht mich oder irgendein Körperteil von mir. Welcher zwölf- oder dreizehnjährige Heranwachsende hat es eigentlich durch welche Umstände auch immer verdient, sich einen gesamten „freien" Samstag lang, beschimpfen, runterputzen, mit den übelsten Schimpfworten belegen und sich ständig massive Drohungen anhören zu müssen? sensible Jugendliche, zu denen ich offensichtlich nicht zählte, wären nach solch einem Tag vielleicht in Tränen ausgebrochen angesichts ihrer offenbaren Unfähigkeit. Ich wiederum verstand den pädagogischen Wert von Jupps gutgemeinten Ausführungen offensichtlich nicht und gab sogar ihm die Schuld an dem deutlich unrelaxt verbrachten Tag. Nachdem Jupp dann erstmal genügend angewidert über mich und meine offensichtliche Blödheit gesprochen hatte, stand er vom Tisch auf und machte sich auf zur Toilette, während alle anderen, also meine Mutter, mein kleiner Bruder und ich noch am Essen waren und meine Mutter weiter meine noch ein paar versteckte Dämlichkeiten meinerseits zur Sprache brachte, die Jupp zu erwähnen übersehen hatte. Die Toilette war unmittelbar neben der Küche gelegen und Jupp hatte sowieso die Angewohnheit, die Badezimmertür aufstehen zu lassen, während er auf der Kloschüssel sass. So natürlich auch an diesem Abend und flugs machte sich in der Küche und der gesamten übrigen Wohnung mangels Sperre durch eine gschlossene Tür ein Geruch breit, als sei ein Güllewagen eplodiert. Nebenbei bemerkt war es auch immer ein erhabener Anblick, durch den Flur in Richtung Küche zu gehen und dabei ansehen zu müssen, wie Jupp mit heruntergelassener Feinrippunterhose auf der Keramikschüssel und mit hochrotem Kopf (wegen der Anstrengungen beim scheissen nicht wegen der Peinlichkeit) auf der Keramikschüsel hockte, meistens mit der Tageszeitung Express in den Händen. Schliesslich war uns dann der Appetit völlig vergangen und Jupp kam mit zufriedenem Gesichtsausdruck zurück in die Küche, in der Hand den Elektrorasierer. Rasiert wurde sich selbstverständlich nur am Esstisch, ebenso wurden sich dort die Zehennägel geschnitten. Die Vorstellung, dass jemand anderer das etwa unhygienisch oder gar eklig finden könnte, war für Jupp absurd. Jede Andeutung darüber hätte unweigerlich zur Folge gehabt, dass Jupp seine beliebte Rede abgespult hätte, in der es im Wesentlichen darum ging, dass er schliesslich das Geld verdienen ginge, das uns das luxuriöse Leben ermöglichte, dass wir alle die Schnauze zu halten hätten, solange wir unsere Füsse unter seinen Tisch stellten und überhaupt... Die Vorstellung, dass irgendetwas, was er tat, was seine Körperfunktionen verlangten oder er sagte Anlass zu Kritik geben könnte, war für ihn völlig absurd. Lautes Rülpsen und Furzen beim Abendessen waren in seiner Welt sogar Anlass ungezügelter Heiterkeitsausbrüche. ich glaube, wenn das Badezimmer gross genug gewesen wäre, hätte er den Esstisch direkt da aufgestellt, so dass er dann schon während der Nahrungsaufnahme auf dem Scheisshaus hätte sitzen können.

So ging dieser glorreiche Tag dann zu Ende, ich bekam noch den einen oder anderen Anschiss beim Zurücktragen der Möbel ins Wohnzimmer und endlich durfte ich mich mit einem Comic auf mein Bett legen und endlich einen leisen Anflug von Spass empfinden. Im neugestalteten Wohnzimmer hörte man dann Jupp noch eine Weile fluchen, da nach der Rumtrageaktion die Sender am Fernsehgerät verstellt waren und er nun wieder versuchen musste, durch die absurdesten Stellungen der Zimmerantenne ein wenig Sport aus dem altersschwachen Schwarz-weiss-Gerät zu quetschen.

Kapitel 8

in dem ich darauf hingewiesen werde,
dass ich die Bedürfnisse Anderer zu
respektieren habe.

Ein Fernsehabend bei Jupps Familie.
Samstag später Nachmittag. Ich sass vor
dem Fernsehgerät und beobachtete
fasziniert, wie Käptn.Kirk einem
aufmüpfigen Klingonen mit weit
überlegener Bewaffnung den
klingonischen Wabbelarsch aufreissen
will, als Jupp ins Wohnzimmer gestürmt
kam, und das Weltraumabenteuer der
Enterprise für mich ins Orbit beamte. Er
stellte auf einen anderen Kanal, weil dort
gerade ein ungeheuer spannendes und
wichtiges Springreitturnier auf einer der
Galapagosinseln gezeigt wurde. Um
meine Mussestunde vor dem TV dann
auch mit letzter Sicherheit zu ruinieren,
wurde ich noch von der Couch
vertrieben, auf der sich schliesslich Jupp
in seiner weissen Feinrippunterwäsche

Kombination, bestehend aus einer schlabberigen bis zu Kniekehle hängenden analkolorierten Feinrippunterhose und einem weissen Feinripp Axelshirt breit machte. Statt das Weltraumabenteuer zu Ende zu sehen, konnte ich mich also nun stattdessen daran erfreuen, mitanzusehen, wie Jupp malerisch auf der Couch lag, sich am Genital kratzte und in rythmischen Abständen entspannt ins Feinripp flatulierte, um der heckseitigen Colorierung eine weitere Schattierung beizufügen, während Schockomöhle auf dem veralteten Schwarz-weiss TV sein gequältes Pferd über diverse Hindernisse prügelte. Der Endeffekt war also, dass ich mich zurückzog um mich anderweitig zu beschäftigen. Dazu allerdings musste ich zuerst das Wohnzimmer durchqueren, was nicht möglich war, ohne dabei vor dem TV-Gerät langzugehen. Das dauerte zwar nicht länger als eine halbe Sekunde, brachte mir aber dennoch einen wüsten Fluch von Jupp ein, der mich dahingehend warnte, dass ich im Widerholungsfalle zu erwarten hätte, dass mir das Gesicht auf den Rücken geschlagen würde. Motivationselemente dieser Art waren sozusagen der übliche Standart in Jupps pädagogischer Abteilung. Wohlwollend betrachtet wollte er wohl seine Kinder dazu erziehen, mehr Rücksicht auf die Bedürfnisse anderer zu nehmen, oder eher gesagt auf SEINE Bedürfnisse,und Jupps Bedürfnis am Samstag Nachmittag bestand eben hauptsächlich darin, jede Art von Sport zu konsumieren, egal ob es ein Hallen-Halma-Turnier zwischen den Klitschko-Brüdern und den blonden Ratiopharm-Zwillingen war oder ein international besetzter Sackhüpfwettbewerb in der Kalahari.

Unter dem strafenden Blick meiner Mutter, die häkelnd in einem Sessel dabeisaß, und selbstverständlich MIR die Schuld an Jupps Wutausbruch zuschrieb, verließ ich also das Wohnzimmer und schlich in das Zimmer, welches mein kleinerer Bruder und ich bewohnten. Dieser schien langsam hungrig zu werden, denn er ging, als ich ins Zimmer kam ins Wohnzimmer, um dort zu fragen, wann es etwas zum Abendbrot gebe. Die leise gemurmelte Antwort unserer Mutter konnte ich nicht verstehen, aber Jupps Information darüber, dass er, sofern er nicht sofort die Fresse halten würde, den Kopf zwischen den Ohren weggeschlagen bekäme, konnte mit Sicherheit die gesamte Nachbarschaft mitanhören und sich somit eine weitere kostenlose Unterrichtsstunde zum Thema Kindererziehung sichern. Ach, es war einfach schön, ein Kind zu sein und Jupp zum Vater zu haben.

Kapitel 9

In dem ich von der kölschen Version des Guide Michelin zum Gourmet erzogen werde.

Vorweg möchte Oft kam es vor, dass wir des sonntagnachmittags Ausflüge zusammen mit Jupps Schwester und deren Mann von „drüben" unternahmen. Wir fuhren dann mit dem VW-Käfer meines Onkels irgendwohin ins Bergische Land oder die Eifel, um dann dort spazieren zu gehen. Mein Onkel und meine Tante liebten es, stundenlang durch den Wald zu spazieren und danach irgendwo in einem Gasthaus etwas zu Abend zu essen. Als Kind mit deutlich kürzeren Beinen war natürlich mein

Spass an dem Rumgelatsche im Wald
eher gemässigt, aber ich genoss das
ruhige Naturell meines Onkels, gepaart
mit dem sonnigen Gemüt meiner Tante
immer und war somit dann alles in
Allem recht zufrieden, zumal Jupp sich
im Wesentlichen darin gefiel, meinem -
Onkel klarzumachen, dass er von nichts
Ahnung hätte und ich somit nicht das
Hauptziel seiner Kritiken darstellte.
Eines Abends kehrten wir dann nach
gemeistertem Spaziergang nahe Rösrath
in einen Gasthof ein, um dort zu Abend
zu essen. Man bestellte und auch ich
durfte mir etwas aussuchen. Da Kotletts
nicht allzu oft auf unserem heimischen
Speiseplan standen, bat ich also darum,
mir eins zu bestellen. Tatsächlich wurde
die Bestellung meinen Wünschen
gemäss aufgegeben und ich nuckelte
während der Zuberetungszeit der
Speisen an meinem Malzbier. Als dann
mein Kotlett serviert wurde, war ich aber
dann leider gar nicht amüsiert. Wenn es
zu hause mal Kotlett gegeben hatte, dann
hatten diese niemals auch nur den Hauch
einer Panade gehabt. Was ich aber nun
im Gasthof vorgestellt bekam, war ein
kräftig paniertes Fleischstück, in dem ich

117

keinerlei Ähnlichkeit mit einem Kotlett wie ich es kannte erkennen konnte. Ich erklärte also das servierte Fleischteil für ungeniessbar und mir wurde erklärt, dass dieses Stück Fleisch eben paniert sei. In typisch kindlicher Art weigerte ich mich dennoch, das für mich völlig unattraktiv wirkende Kotlett zu essen, ja ich wollte es noch nicht einmal Kotlett nennen. An diesem Punkt schaltete sich dann Colonia Jupp ein und zeigte der gesamten Gästeschar im Gasthof, der gerade so ungefähr zehn bis zwölf besetzte Tische hatte seine pädagogische und einfühlsame Seite. „wenn du nicht sofort dat Kotlett isst, schlage ich es dir rechts und links in die Fresse rein" kündigte er lautstark und sicher bis in die letzte Ecke des Gasthofs hörbar an, damit auch die Gäste, die sich gerade auf der Toilette befanden die Lektion mitbekamen. Um mir zu zeigen, dass es an Alternativmöglichkeiten nicht mangelte, wurde noch die Möglichkeit erwähnt, mich mir das Gesicht in den Teller zu hauen. Hin und hergerissen zwischen diesen durchaus atraktiven Alternativen entschloss ich mich dann, das Diskussionsobjekt doch zu verzehren, wahrscheinlich sehr zum Verdruss der übrigen Gäste, die damit um das prächtige Spektakel betrogen wurden, weiterführende Erziehungsmassnahmen meines Vaters ansehen zu können Der Verzehr des Kotletts nahm dann dank meines Widerwillens eine gewisse Zeit in Anspruch - Zeit die Colonia Jupp und meine Mutter hervorragend dahingehend zu nutzen wussten, um mir wiederholt in unterschiedlichen Umschreibungen mitzuteilen, was für ein blödes, aus der Art geschlagenes.. usw. ich doch war. Auch die Wahrscheinlichkeit, dass man mich im Krankenhaus verwechselt hätte kam noch mal kurz zur Sprache, während mein Onkel und meine Tante betreten schweigend ihr Abendessen zu sich nahmen und versuchten, ihren Gesichtern wieder einen weniger intensiven Rotton zu verleihen. Meine Kritik am Kotlett war ihnen wohl peinlich gewesen. Colonia Jupp sonnte sich derweil im Bewusstsein, einer grossen Schar Menschen mal wieder gezeigt zu haben, was er für ein unglaubliches Durchsetzungsvermögen gepaart mit hohem Gerechtigkeitssinn und vor Allem natürlich Gespür für subtile Erziehungsmassnahmen sein Eigen nannte. Als Randbemerkung möchte ich hinzufügen, dass der Gasthof mittlerweile geschlossen hat. Das haben die nun davon, ungeniessbare Kotletts zu servieren.

Kapitel 9
in dem ich den Einstieg ins Berufsleben
  wage

1977 war es endlich soweit, dass ich so etwas Ähnliches wie einen Schulabschluss vorzuweisen hatte und Jupp fand, dass es nun ebenfalls soweit sei, dass ich mich, wie er es auszudrücken pflegte, dem Ernst des Lebens zuzuwenden hätte, was nichts anderes bedeutete, dass ich eine Berufsausbildung beginnen sollte. Schreiner, sein eigener Beruf, sei allerdings nichts für jemanden, der wie ich zwei linke Hände hätte und obendrein auch noch zu blöd sei, ich will keineswegs behaupten, dass man für den Beruf des Schreiners keinerlei Fähigkeiten besitzen muss, aber als unabdingbare Voraussetzung das Beherrschen der Sprachen Latein und

Englisch vorauszusetzen halte ich doch für etwas weit hergeholt. Es wurde also die Samstagszeitung (der Express) zur Hand genommen und mir wurde aufgetragen, mich mit den angekreuzten Lehrstellenangeboten in Verbindung zu setzen, an denen ich gefälligst Interesse zu haben hatte. unter Anderem wurde dort eine Lehrstelle als Offset-Drucker angeboten, was ich, wie man nach konträr verlaufenden Diskussionen beschlossen hatte, interessant fände. Die Tatsache, dass ich farbenblind war und bin, war dabei selbstverständlich von untergeordnetem Interesse. das ist schliesslich alles reine Willenssache. Ich interessierte mich also des Montags brennend für den Beruf des Offsetdruckers und rief in der Druckerei an, die sich in Königsdorf befand, gut eineinhalb Stunden mit den öffentlichen Verkehrsmitteln entfernt. Zum verabredeten Vorstellungstermin, nahm Jupp sich dann die Zeit, mich zu begleiten. Das hiess also für mich, ich wurde im Auto hingefahren aber als Gipfel der Peinlichkeiten, begleitete mich Jupp zum Termin, wahrscheinlich um den seriösen Gegenpol zu mir herzustellen und darüber hinwegzutäuschen, wie furchtbar dämlich ich sei. Während des Gesprächs streute Jupp dann hin und wieder Fragen zum Offsetdrucken ein, die andeuten sollten, für wie wahnsinnig interessant er diesen Beruf fänd, was sich selbstverständlich auf mich vererbt haben musste. Als die Frage der zu erwartenden Arbeitszeiten angeschnitten wurde, kam es zu einem absoluten Begeisterungstaumel bei Jupp, denn Arbitsbeginn, so wurde uns mitgeteilt sei um 7.00 Uhr in der Früh. Jupp fand das selbstverständlich super, fing er doch selbst auch um diese Uhrzeit sein Tagewerk an. An dieser Stelle sei noch einmal darauf hingewiesen, dass der Anfahrtsweg rund eineinhalb Stunden Zeit verschlang. Aber wie Jupp es auf der Heimfahrt so schön und locker ausdrückte, dann müsse ich meinen Arsch eben mal ein bisschen früher aus dem Bett heben. ich nehme aber an, dass auch der Rest von mir das Bett hätte verlassen müssen, fragte aber vorsichtshalber nicht nach. Dass ich die zu besetzende Stelle bekommen würde stand für Jupp ausser Zweifel.

Schliesslich hatte er doch seine gesamte Seriösität offen zur Schau gestellt. Kurz und gut, zu Jupps völliger Überraschung bekam ich die Stelle nicht. Natürlich hatte ich mich wohl doch wieder zu blöde angestellt bei dem Vorstellungsgespräch, hatte nicht genug geredet oder zu viel, nicht genug Interesse gezeigt oder zuviel, mein Haare waren zu lang oder zu kurz, meine Hose zu kurz oder zu lang, meine Schuhe nicht blank genug poliert oder zu glänzend und mein Gesichtsausdruck grenzte ja sowieso stets an absolute Verblödung. Er, so klärte Jupp mich auf, würde sich ab jetzt nicht mehr darum kümmern, aber ich sollte mir nicht einbilden, dass ich weiterhin auf der faulen Haut liegen könne und mir auf seine Kosten einen Lenz machen könnte.

Wenig später hatte ich dann einen Vorstellungstermin bei einem Gross- und Einzelhandel für eine Ausbildungsstelle zum Bürokaufmann. Tatsächlich bekam ich die Stelle ganz ohne Hilfe(oder gerade deshalb) meines ach so seriösen Vaters und verkündete das im Kreise der Familie, oder was immer man dazu sagen sollte.

Selbstverständlich fand man erstens den Beruf des Bürokaufmanns völlig beschissen, aber immerhin sei ich ja sowieso nicht zu gebrauchen, um einen anständigen Handwerksberuf zu erlernen. Schliesslich hatte Handwerk immer noch goldenen Boden, so wurde mir während eines Abendessens so ungefähr 5 Dutzend mal mitgeteilt. Ausserdem sei ich ja sowieso ein absoluter Eigenbrödler. Damit wurde das Missfallen ausgedrückt, dass ich mich selbst um eine Ausbildungsstelle bemüht hatte, und ich sie somit um die Chance betrogen hatte, mir die nächsten drei Jahre vorwerfen zu können, dass ich meinen Job ja nur ihnen zu verdanken hätte-

Kapitel 10

in dem Colonia Jupps Überlegenheit über den Durchschnittsmenschen anhand einiger Beispiele beleuchtet wird. zum Ersten: das Brettspiel.

. Nach einer langen Durststrecke, die das Gesellschaftsspiel zu überstehen hatte, wird seit dem Spiel des Jahres 1995 und der damit einsetzenden Besiedlung des Kontinents Catan wieder gespielt innerhalb der Familie oder mit Freunden bei einem kühlen Bierchen(Freunde von den britischen Inseln dürfen es auch lauwarm trinken). Natürlich gab es immer Ausnahme-Familien, die nie ihren Spass am Spiel verloren hatten, lange bevor Käptn Teuber die Insel Catan entdeckte. Meistens wurden also altbekannte Spiele auf den Tisch gebracht. „Mensch ärger dich nicht natürlich", bei dem das Spielgefühl meistens konträr zum Titel stand, der Würfelklassiker Kniffel oder der Strategiehammer Monopoly. Eine dieser Familien waren wir. Der fundamentale Grundsatz der Spiele im trauten Heim war schlicht und leicht zu merken. Vater, wir nennen ihn „Jupp" ist ***der Sieger.*** Hier geht es nicht nur um ein Spiel, hier geht es um die große Philosophie seines Lebens. Als Sieger geniesst man Anerkennung und Respekt und Verehrung gehen mit dem Sieg stets Hand in Hand. Die im weiteren beschriebenen Scenen der spielenden Familie begrenzen sich nicht auf einen bestimmten Zeitpunkt, sondern sind jahrzehnteübergreifend von all seinen Kindern immer wieder erlebt worden. Es begann normalerweise damit, dass Jupp am Sonntag-Nachmittag, wenn die Batterien seines Game Boys leer waren und die Sportschau noch nicht begonnen hatte, verkündete: Wir spielen jetzt einen Kniffel. Es wurde keineswegs gefragt, ob jemand Lust hatte, einen Kniffel zu spielen, es wurde einfach vorausgesetzt. Alle anderen unterbrachen also idealerweise abrupt ihre jeweilige Tätigkeit und versammelten sich um den Wohnzimmertisch, auf dem Jupp bereits das Würfelbrett und diverse Kniffel-Notizblöcke aufgelegt hatte. Dann ging es los. Gutgelaunt rüttelte Jupp den Würfelbecher als ob es gelte, die Würfel darin zu Staub zu zermahlen. Reihum ging nun das Spiel weiter. Jupp schien der Meinung zu sein, dass die Spielregel einen Zusatz speziell für ihn bereit hialten würde, in der es ihm, und NUR ihm erlaubt sei, statt der üblichen drei Würfe pro Runde vier bis fünf Würfe je nach Aufmerksamkeitsgrad der Mitspieler zu tätigen. Natürlich merkte jeder am Tisch, dass da etwas nicht regelkonform abgewickelt wurde. Aber wenn sich dann einmal jemand wagte, darüber ein Wort zu verlieren wie etwa beim siebzehnten Wurf Jupps in einer Runde zu fragen: "Sag mal, wie oft würfelst Du eigentlich?" war sofortiges empörtes Aufschnauben Jupps Reaktion, gefolgt von den Worten: Ja natürlich dreimal wie jeder und mein dritter Wurf kommt jetzt erst." Sollte jemand jetzt den Fauxpas begehen zu insistieren, er habe bereits mehr als drei Würfe hinter sich, dann argumentierte Jupp schon etwas bestimmter, indem er entweder den Würfelbecher, das Würfelbrett oder zumindest seinen Kniffelblock durch das Zimmer warf, unterstrichen mit den Worten: „Ihr braucht euch nicht einzubilden, dass ich noch mal mit euch spiele". Ähnlich munter und lebenslustig verliefen Partien Mensch-ärger-dich-nicht oder Monopoly. Besonders letzteres war immer sehr erheiternd, jedenfalls wenn man es humorvoll findet, dass es jemand immer aber auch immer schafft, auf die richtigen Strassen zu kommen und das mit egal welchem Würfelwurf. Brauchte Jupp eine sieben, um auf eine von ihm erwünschte Strasse zu kommen, so bekam er auch eine sieben, egal ob sich

die sieben aus einer drei und einer fünf,
einer drei und einer eins, einer sechs und
einer fünf oder wie auch immer
zusammensetzte. Um diesem geradezu
unheimliche Glück nicht den
Beigeschmack einer elastischen
Regelauslegung zu verleihen, grabschte
sich Jupp, sobald er die Würfel
schwungvoll über den Tisch gerollt
hatte, beide Würfel zurück, offenbar in
dem sicheren Gefühl, dass er schneller
greifen konnte als alle Anderen gucken.
aber kommen wir zum nächsten Spiel,
bei dem Jupp stets gern die Siegerpose
einnahm. Beim beliebten Mensch ärger
dich nicht gab es in keiner Spielregel
beschriebene speziell zu erlernende
Verhaltensregeln. Kam man unerwartet
in die Situation, dass man einen von
Jupps Pöppeln rauswerfen konnte, so
nahm man tunlichst seinen eigenen
Pöppel, stellte ihn unauffällig neben
Jupps zu entfernenden Pöppel, nahm
diesen sanft hoch und stellte ihn,
vorzugsweise mit einem extrem
entschuldigenden und zerknirschten
Gesichtsausdruck zu Jupps sonstigen
Pöppeln. Wollte man es besonders gut
machen, entschuldigte man sich noch

und tat kund, dass man im Widerholungsfalle bereit wäre , sich die unwürdigen Finger, die den Würfel so falsch geworfen hatten, amputieren zu lassen. Sollte aber Jupp, was natürlich dank seiner überlegenen Spielweise häufig geschah, in die Lage kommen, einen gegnerischen Pöppel rauswerfen zu können , so geschah das in einer lautstarken und farbigen Aktion, an der alle beteiligt wurden, auf jeden Fall an der anschliessenden Suchaktion nach dem rausgeworfenen Pöppel, den Jupp mit Hilfe seiner Spielfigur im hohen Bogen vom Tisch quer durch das Zimmer geschleudert hatte. Es hat viele Rezensionen zu dem Spiel „Mensch ärger dich nicht" gegeben und bei moderneren Spielen wie den Siedlern von Catan z.B. wird immer stark betont, dass der besondere Reiz des Spiels im hohen Grad an Interaktionen liegt. Nun, Jupp zeigte schon sehr früh, dass auch im „Mensch äerger dich nicht" viel Interaktion zu finden ist, denn es war immer mächtig interaktiv, wenn vier Personen auf allen vieren auf dem Boden rumkrochen, um unter alle Schränke zu schauen, um den Pöppel wiederzufinden,

den Jupp gerade schwungvoll vom Spielbrett gefegt hatte.

Nun fragt man sich natürlich zurecht, was Jupp seinen Kindern damit eigentlich mit auf ihren Weg geben wollte. Faires und korrektes Verhalten jedenfalls sicher nicht, eher die Erkenntnis, dass man für einen noch so kleinen Triumph jedes abscheuliche und erbärmliche Verhalten an den Tag legen darf, sei der geerntete Triumph auch noch so nutzlos und hohl. Hauptsache scheint in dieser Philosophie immer zu sein, sich einem Anderen, selbst wenn es das eigene 6jährige Kind ist, immer etwas überlegen zu fühlen. Leichte Zweifel an seinem Verstand kommen in einem auf, wenn man in Betracht zieht, dass Jupp sogar deutlich dazu neigte, beim Solitärspiel Patience die Regeln etwas grosszügiger auszulegen, um öfter, im Idealfall ständig, in den Genuss zu kommen, von der Couch aufzuspringen und seiner gesamten Umgebung mitzuteilen, dass seine Patience mal wieder aufgegangen sei. Der Triumph, den er dabei offenbar fühlte liess offensichtlich die Erkenntnis nicht zu, dass er den Triumph gegen sich selbst erschummelt hat. Würde man Jupp nun mit diesen Anmerkungen bezüglich seiner Spiel-Mentalität konfrontieren, dann wäre die Reaktion ebenso vorhersehbar wie seine Reaktionen während des Spielens selbst. Jupp würde einen finsteren Gesichtsausdruck aufsetzen und mit lauter dunkel grollender Stimme verkünden, dass er es in seinem ganzen Leben noch niemals nötig gehabt habe, beim Spielen zu schummeln und das jegliche Art von Unredlichkeit ihm völlig fremd sei. Weitere Folgen bestünden sicherlich darin, dass Jupp für viele Jahre nicht mehr mit einem sprechen würde weil das in seinen Augen ja so ein toller Beweis für einen starken Charakter ist.

Wenn wir schon etwas aus dieser Lektion lernen sollen oder müssen, dann ja wohl nur, dass allein der Sieg zählt und nicht der Weg. Es bringt nichts, fair und korrekt zu spielen, wenn es nicht zum Sieg führt. die Regeln an die Umständen anpasste, so wie es gerade nötig war, um das Spiel zu gewinnen. Wer ist denn da der Sieger, wenn man sich selbst beschummelt? Ich würde meinen Hals gegen fünf verbogene

Eisenbahnschienen wetten, dass Jupp
bereits als Spermatozon geschummelt
hat, um als erster bei der Eizelle
anzukommen.

Kapitel 11

*zum zweiten: der frühe Vogel fängt den
Wurm, aber sowohl der Wurm wie auch
der Vogel können mich mal.*

Jupp ist nicht nur ein immer hellwacher
Gesell sondern auch anerkannter
Frühaufsteher. Ein römischer Philosoph
hat vor rund 2000 Jahren einmal
geschrieben, seiner Meinung nach gelte
das frühe Aufstehen schon im
Morgengrauen nur deshalb als so
tugendhaft, weil es so unangenehm sei.
Für Colonia Jupp ist es Ritual,
Lebenseinstellung und Lebensinhalt. Es
erlaubt es ihm ausserdem, über jeden zu
lästern und schräg herzuziehen, der es
vorzieht, wie Jupp es auszudrücken
pflegt „ seinen Hintern bis in die Puppen
im Bett liegen zu lassen". Vielen, wenn
nicht gar allen unter uns ist es ein Rätsel,
was mit dem Rest von jemandem
geschieht, der seinen Hintern im Bett
liegen lässt, noch um wie viel Uhr

eigentlich genau die Puppen erreicht sind. Jedenfalls war mir nie klar, was irgendwelche Puppen damit zu tuen haben könnten, wenn man seinen Hintern im Bett liegen lässt. Späteren - sehr viel späteren - Recherchen zufolge hat diese Redewendung aber tatsächlich einen Hintergrund. Sie stammt in der Bedeutung von „sehr lange" aus dem Berlin des 18. Jahrhunderts. Mitte dieses Jahrhunderts wurden am Großen Stern im Berliner Tiergarten Statuen der antiken Mythologie aufgestellt. Die Berliner bezeichneten diese Standbilder als „Puppen" und den Großen Stern, wie der Platz genannt wurde als „Puppenplatz". Überlieferungen aus dieser Zeit berichten nun, dass die Berliner am Wochenende Spaziergänge „bis in die Puppen" zu machen pflegten. Zu Fuß war dies vom Stadtkern aus ein sehr weiter Weg, den zurückzulegen sehr lange dauerte. So wird „bis in die Puppen" noch heute im Sinne von sehr lange" verwendet. Völlig losgelöst von jeder Kenntnis über Ursprung oder Sinn der Redewendung wurde sie in meinem Elternhaus oft und gerne angewandt, um die umwerfende Verwerflichkeit und

Faulheit eines jeden Menschen zu umschreiben, der länger als die Vorzeigebürger Herr und Frau Mustermann im Bett zu liegen pflegte. Um der Redewendung eine Spur mehr Würze zu verleihen und um den Verwerflichkeitsfaktor etwas deutlicher zu machen, wurde in der Regel ein „mit dem Arsch" eingebaut, also „Bis in die Puppen mit dem Arsch im Bett liegen" Ungezählt sind alleine schon mir gegenüber die Vorwürfe, mal wieder mit dem Arsch bis in die Puppen im Bett gelegen zu habem, bloss weil ich erst im vierzehn Uhr dreissig zum Frühstück erschienen war. Nie allerdings wurde dabei vergessen, der Beobachtung Ausdruck zu verleihen, dass ich die Verwerflichkeit des lange im Bett Liegens in Zusammenarbeit mit meinem Arsch begangen hatte. Ohne hätte ja auch kaum funktioniert. Aber egal, denn genau da gingen mir sowieso die kritischen Bemerkungen kilometerweit und viespurig vorbei.

So ist also eigentlich kein erkennbarer Sinn in dieser Aussage zu finden, schon gar nicht, wenn man in Betracht zieht,

dass Jupp zwar um Punkt 6.35 Uhr wie
Jack aus seiner Box springt, aber um
diese Zeit auch schon runde neun
Stunden Schlaf hinter sich hat und in
sofern eine Nettoschlafzeit vorweisen
kann, die um 20 % über der des als
Faulpelz gescholtenen Langschläfers
liegt, da Jupp nie später als halb zehn ins
Bett geht, was allerdings bei seinem
aufregenden Tagesablauf nur zu
verständlich ist. Bis zu der Uhrzeit, bei
der Jupp die stahlblauen Augen müde
zuzufallen drohen, sitzt er auf der Couch
in seiner Einsatzzentrale und sieht sich,
vorausgesetzt, es findet nicht gerade ein
mediales sportliches Grossereignis wie
ein Fussballspiel zwischen dem FC
Südwest-Hückeswagen und der
Reservemannschaft von Timbuktu –
Nord oder das Finale im Armdrücken
zwischen Danny de Vito und Hulk
Hogan statt, irgendeine originelle
Gameshow aus den Katakomben des
menschlichen Kreativzentrums an.
Diese Gameshows zu sehen ist für Jupp
nicht nur Entspannung, es ist die Essenz
seiner Kommunikationsmöglichkeiten,
denn hier und nirgendwo sonst erhält er
die Grundlagen jeder Konversation für

die nächsten Tage. Gefürchtet sind darum die Gesprächsansätze, die damit beginnen, dass Jupp in die Runde fragt, wer oder ob jemand gestern Abend die Show „X" auf RTL oder wo auch immer gesehen hat. Nie hat sich jemand ausser ihm soweit in die televisionäre Unterwelt gewagt, sich solche Idiotensendungen anzusehen, in denen ein begeistert kreischendes Publikum im Herdenwahn trampelnd Kandidaten applaudiert, die den korrekten Preis einer Tüte Kartoffelpüree erraten konnten, während der wackere Jupp auf seinem Sofa vor Aufregung rumzappelt, als wäre ihm der Katheter geplatzt, weil er die korrekte Lösung bereits siebeneinhalb Sekunden vor dem Kandidaten in der Glotze wusste..

Eine weitere bereits zuvor angesprochene Eigenart Jupps ist sein Drang, alles und vor Allem JEDEN kontrollieren zu wollen. Dass dabei mal wieder die Grenzen des Erträglichen oder zumindest Hinnehmbaren weit überschritten werden ist selbstverständlich

Kapitel 12

136

Kontrollzwang

Um seine Kinder zu den kriecherischen
und verbogenen Persönlichkeiten
umzumodellieren, wie er es sich
idealerweise vorstellte, mussten
natürlich im Laufe der Zeit
unterschiedliche Methoden der
Persönlichkeitsbrechung ausprobiert
werden. Zuerst einmal kam bei jedem
seiner Kinder die Phase der Belehrung.
Dem entsprechenden Kind wurde also
eingetrichtert, dass es mit jedem, aber
auch wirklich jedem Problem zu ihm
kommen könne. Er hätte für alles
Verständnis, so betonte Jupp stets aufs
Neue, nur nicht dafür, dass man ihm
etwas verheimliche. Nun, ich denke,
jeder von seinen vier Kindern hat es
tatsächlich mal damit versucht und ist
mit einem Problem zu ihm gegangen.
Die Bandbreite der Reaktion erstreckte
sich dann von einem desinteressierten
Schulterzucken bis hin zu kalter Wut, die
dann oft dazu führte, dass Jupp sechs bis
acht Wochen lang nicht mit dem
betreffenden Kind sprach. Sechs bis acht
Wochen war sozusagen dass Minimum,
um einen starken Charakter zu beweisen

und dem entsprechenden Kind zu zeigen, wie gut das System „Vertrauen zu Jupp" funktionierte, nämlich gar nicht. Merkwürdigerweise führten diese ersten Versuche seiner Kinder meist dazu, dass kein zweiter Versuch mehr stattfand, was natürlich nur zeigte, wie wenig Ahnung seine Kinder von dem hatten, was man einen sarken Charakter nennt und letztendlich zur Folge hatte, dass man alles Mögliche lieber für sich behielt um weitere Charakterdemonstrationen zu vermeiden. Um dennoch auf dem Laufenden zu bleiben, musste Jupp also Methoden der Kontrolle entwickeln. Als das älteste von Jupps Kindern war ich natürlich auch der erste, den Jupps investigativer Geist ins Visier nahm.Ich stellte also sozusagen das Testgelände dar, auf dem Jupp sich sozusagen mit dem Intrumentarium der Persönlichkeitsbrechung vertraut machen konnte, mit welchem dann ja auch noch meine drei Geschwistern beglückt werden sollten. Zunächst versuchte er es mit dem guten alten Kreuzverhör. Natürlich fand die abendliche Verhörstunde nach dem Abendessen am Küchentisch statt, indem er unter Unterstützung meiner Mutter die Nummer guter Bulle, böser Bulle abspielte. Jupp befand anscheinend, dass ihm diese Rolle auf den Leib geschrieben schien, denn seine krass grauen Augen verengten sich zu Schlitzen und sein Mund bildete lediglich noch einen Strich in seinem entschlussharten Gesicht. So kam es dann zu folgender eher absurden Situation. Ich zählte mittlerweile wohl so sechzehn Jahre und hatte also schon einiges von Jupps Erziehung genossen, genug, um begriffen zu haben, dass die Zeiten, in denen man den Vater als Vorbild ansehen konnte, für immer vorbei waren, es sei denn arschlochmässiges Benehmen und mangelnde soziale Kompetenz gingen neuerdings als Tugenden durch. Schon als kleineres Kind konnte man nicht nur nicht mit seinen Problemen zu Jupp gehen, schon gar nicht in der Hoffnung auf Hilfe, sondern auch einfachere Fragen an den grossen Jupp zu richten war völlig unsinnig, denn egal, was man fragte, die Antwort war immer entweder „Das ist ein Rückschlagventil für einen Gänsearsch" oder alternativ dazu „Das

ist ein Sprungbrett für Flöhe". Beide
Antworten halfen einem in der Regel
kaum weiter außer bei der Erkenntnis,
dass das Vorbild Colonia Jupp, als das er
sich gerne sah, offensichtlich eine
aufgeblasene Illusion war. Ich will aber
nun auf den bösen Bullen
zurückkommen, den Jupp zu spielen
begehrte. Eines Abends, wir saßen nach
dem Abendessen noch am Küchentisch,
überraschte mich Jupp mit einer wie aus
einer 45er Magnum geschossenen Frage
danach, was ich einige Tage zuvor
nachmittags am Hauptbahnhof gemacht
hätte. Diese Aussage wurde
selbstverständlich in einem Tonfall
vorgebracht, die man normalerweise
erwarten würde, wenn einem Serienkiller
der ihn überfführende unwiderlegbare
Beweis seiner Schuld um die Ohren
gehauen wird, unmittelbar vor dessen
völligem Zusammenbruch bei dem er
heulend und Haare raufend ein
Geständnis ablegt. Ich muss zugeben,
auch ich war überrascht , obwohl der
Tatbestand des Comic-Heft-Kaufens ja
eher der zweiten oder gar dritten
Kategorie der Kapitalverbrechen
zuzuordnen ist und natürlich auch

zunächst ein wenig verunsichert, was ja schließlich auch der Sinn dieser Verhörmethode ist. Ich war mir zwar eigentlich und ausnahmsweise einmal keinerlei Schuld bewusst, aber was Jupps verbogener Charakter so als Verfehlung erachtete, wusste man ja vorher nie. Ich reagierte also mit der Gegenfrage, woher sein Wissen käme und bekam als Antwort zu hören, dass mich jemand, einer seiner Bekannten, dort gesehen hätte. Das schien mir recht wenig Sinn zu machen. Zunächst hatte Jupp praktisch keine Bekannten und schon gar keine Freunde, sieht man mal von einem verhutzelten alten Sonderling ab, der aber sicher nicht am Kölner Hauptbahnhof rumgehangen hatte. Ausserdem wäre der mir da mit seinem obligatorischen grünen Jägerhut wohl aufgefallen. Und warum sollte, wenn der unwahrscheinliche Fall eingetroffen wäre, dass ein Bekannter mich dort gesehen hätte, dieser sofort Jupp darüber informieren, dass er gesehen habe, wie ich mir das aktuelle Asterixheft gekauft hätte. Und warum ist dieser Bekannte dann nicht zu mir gekommen und hat Hallo gesagt, schließlich stand ich doch nicht unter Tatverdacht, soweit ich wusste. Das sah Jupp offensichtlich anders und er erklärte mir noch, blitzschnell von der Rolle des bösen Bullen in die Rolle des ausgebufften CIA Agenten wechselnd, dass ich nirgendwo unbeobachtet sein könne. Mit dieser Aussage schien er mir mitteilen zu wollen, dass Heerscharen von Agenten ständig damit beschäftigt waren, mich zu observieren. Ich erwartete schon, dass Jupp jeden Augenblick einen transportablen Lügendetektor aus dem Blaumann zog. Aber die Auflösung war sehr viel einfacher. Wie viele Heranwachsende in meinem Alter schrieb auch ich damals jeden Tag meinen Tagesablauf auf. Ich hatte dazu eines der damals so beliebten chinesischen Bücher erworben, welches in meinem Zimmer in meiner Tasche lag. Ganz im Einklang mit dem System „Vertrauen zu Jupp", , hatte besagter verrauenswürdiger Jupp in meiner Abwesenheit mein Zimmer sowie meine Tasche durchsucht und dabei das Tagebuch als Beweisstück an sich angenommen. Mit dem Beweismittel konfrontieren konnte der böse Bulle

(Jupp) mich natürlich nicht ohne seine vorangegangenen Ausführungen zur Mannigfaltigkeit seiner Oberservierungsmittel ins Wanken zu bringen. sein eigenes Lügengebäude bezüglich seiner Armee von Informanten wäre also damit in Gefahr geraten, in sich zusammenzufallen. Also hatte sich Jupp damit begnügt, aus dem Buch lediglich seiner Frau vorzulesen, um die gemeinsame Strategie im Kampf gegen das Böse (mich) zu entwickeln, wobei mein zu diesem Zeitpunkt etwa achtjähriger Bruder allerdings zugegen war. Dieser berichtete mir später natürlich brühwarm davon, wahrscheinlich ohne zu ahnen, dass er das eigentlich nicht machen sollte, und betätigte sich also unwissend schon damals als Maulwurf. Selbstverständlich änderte sich erstens in Erkenntnis der eher elastischen Wertvorstellungen Jupps bzgl. Sozialer Integrität und zweitens in schicksalhafter Ergebung in Jupps überlegene Handhabung aktueller Sicherheits- und Kontrollfragen mein Leben und besonders mein Tagesablauf abrupt und nachhaltig.

Trotzdem ich ja nun den stichhaltigen
Beweis in Händen hielt, dass Jupps
Überwachungsmethoden nur einer für
seine stark elastischen Vorstellung von
sozialem Verhalten vollkommen
akzeptablen Verhaltensweise entsprang
konnte ich das kaum argumentativ ins
Feld führen, ohne dabei zu riskieren,
Gegenstand einer Titelstory im Kölner
Express zu werden, die mit den Worten:
„Familiendrama in Köln Vingst"
beginnen und den Worten „Proktologe
schafft es nach vierstündiger Operation,
den rechten Schuh eines Vaters aus dem
Darm des Sohnes zu entfernen"enden
würde.

Fortan berichtete mein Tagebuch von
Museumsbesuchen, Galerieeröffnungen
und Bibliotheksbesuchen. Zeitweilig war
ich sogar versucht vom Besuch einer
Bibelstunde zu berichten, wollte aber
dann doch nicht zu dick auftragen, sonst
hätte ich nachher noch, um das zu
untermauern sonntags in die Kirche
gehen müssen. zuviel der Mühe, dachte
ich. Lange dauerte es aber auch nicht bis
zur nächsten Verhörstunde und ich
bekam erwartungsgemäß zu hören, ich
sei bei einer Galerieeröffnung gesehen

worden, die meines Wissens selbst jetzt, mehr als dreissig Jahre später noch nicht eröffnet hat.

Auch in diesem Fall, der doch eigentlich ein gewisses kulturelles Mindestinteresse meinerseits kundtat, wurde diese Aussage im Tonfall eines Staranwalts, der soeben durch seine glasklar vorgebrachten logischen Argumente das Gericht zur Verhängung der Höchststrafe gezwungen hatte,   auf den Küchentisch gebracht.

Jupps   Überwachungsmethoden entsprangen also einer stark elastischen Vorstellung von akzeptablem sozialem Verhalten innerhalb einer Familie. Immerhin hatte er es ja nicht mit potentiellen Feinden oder Terroristen in Wartestellung zu tuen, sondern mit seinen Kindern. Natürlich lag er damit schon damals völlig auf der Linie, die heutzutage so oft mit den Worten „Werte des Westens" umschrieben wird. Aber trotzdem ich dieses Verhalten eher mit den Worten wie „unaussprechlich eklig" in Verbindung bringen würde, konnte ich diese Weltanschauung kaum argumentativ ins Feld führen, ohne dabei

145

zu riskieren, Gegenstand einer Titelstory im Kölner Express zu werden, die mit den Worten: „Familiendrama in Köln Vingst" beginnen und den Worten „Proktologe schafft es nach vierstündiger Operation, den rechten Schuh eines Vaters aus dem Darm des Sohnes zu entfernen"enden würde.

So beließ ich es dabei, noch ein paar Eintragungen zu tätigen im bewussten Buch, indem ich meine Meinung zu meinem so enorm ehrenwerten Vater kundtat und es dann einige Wochen später dem Feuer zu übergeben. Die Rolle als böser Bulle aber hatte Jupp offenbar so gut gefallen, dass er sie noch viele Jahre lang immer mal wieder aufleben ließ, sein Kontrollwahn verlor er nie, auch wenn er sich jetzt darauf beschränkt, in einer morgendlichen Runde zum Bäcker und Zeitungsverkäufer den Öffnungsgrad der Rolladen am Schlafzimmerfenster seiner einzigen Tochter zu überprüfen und daraus Rückschlüsse darüber zu ziehen, ob diese noch immer mit dem Arsch im Bett liegt, wobei er damit tatsächlich das entsprechende Körperteil meint und nicht etwa meinen Schwager. Insofern fällt es mir einigermassen schwer, mir vorzustellen, wie jemand OHNE seinen Hintern im Bett liegt.

Kapitel 13

zum Dritten: der Familienurlaub, Erholung pur

Wenn ich im Kreise der Familie in Urlaub fuhr, sagen wir mal zum Beispiel nach Stavoren (mittlerweile schon mindestens 15 mal) in Holland, dann hetzte Jupp seine Familie praktisch mitten in der Nacht (spätestens um vier Uhr, denn wenn man im Urlaub fährt, dann fährt man eben um vier Uhr morgens.) aus dem Bett, zelebrierte am Kofferraum seines Wagens stehend seinen üblichen Tobsuchtsanfall, weil alle Anderen mal wieder viel zu viel eingepackt hatten, eine Aktion, an der er sich selbst niemals beteiligte, knallte dann, als alles in der Karre war, den Kofferraumdeckel mit der Kraft innigster Wut zu, setzte sich auf den Fahrersitz, bellte kurz die übrige Familie an, voran zu machen und endlich einzusteigen und machte sich auf den circa 300 km langen Weg. Wenige Stunden später sah man dann in Stavoren

Jupp aufgeregt und missgestimmt vor dem ortsansässigen Supermarkt auf und ab laufen, da dieser zu dieser frühen Stunde natürlich noch gar nicht geöffnet hatte. Eher schlecht als recht fand sich Jupp dann nach mehreren lautstark vorgetragenen Anmerkungen zu den Themen „früh aufstehen", Fleiss", „Faulheit" und natürlich „Holländer im Allgemeinen" mit dieser Situation ab, warf sich kurzerhand wieder in sein Automobil, um dorthin zu fahren, wo ihm die Schlüssel zu seinem Feriendomizil ausgehändigt werden sollten. Dort angekommen sprang Jupp wie ein Springteufel aus seinem Wagen, raste zur Tür, als wenn Montezumas Rache ihn ereilt hätte und klingelte bei den Schlüsselinhabern Sturm, bis diese zuguterletzt endlich ihre Hintern aus dem Bett hoben und verdutzt auf den frühen und etwas ungeduldig aber dennoch hellwach und fleissig wirkenden Gast aus Deutschland blickten, ihm schließlich klarmachten, dass die momentanen Bewohner des Hauses noch nicht abgereist wären. Das fand Jupp natürlich völlig unglaublich. Das Haus hatte doch um 12 Uhr mittags geräumt zu sein und es waren schliesslich mittlerweile schon fast neun Uhr. Jupp fuhr also dennoch schon mal zum Ferienhaus, um sich vor Ort von dem unerhörten Desaster zu überzeugen. Tatsächlich stand vor dem Feriendomizil noch das Auto der Vormieter, offensichtlich noch nicht einmal beladen und abreisefertig. Um sich dann ein noch genaueres Bild dieses eklatanten Fehlverhaltens zu machen, stieg Jupp aus und ging zum Haus, stellte sich an das Fenster zum Wohnzimmer und schaute dort eng an die Scheibe gedrückt auf eine Szene, die er sich selbst in seinen wildesten Träumen nicht auszumalen vermocht hätte. Die Familie saß dort seelenruhig am Frühstückstisch und ließ keinerlei Gefühl für die Dringlichkeit einer zügigen Abreise erkennen, eher sogar eine gewisse Verwirrung über das an die Fensterscheibe gedrückte Gesicht eines unfreundlich dreinblickenden Fremden, der seinerseits deutliche Anzeichen von Unruhe zeigte. Durch den ungewöhnlichen Auftritt Jupps nun selbst irgendwie nervös gemacht, begann die Familie dann langsam, ihre Sachen zusammenzuräumen und zum PKW zu bringen. Unter den kritischen Blicken, die Jupp abwechselnd ihrem Treiben und seiner eigenen Armbanduhr zuwarf schafften sie so all ihre Sachen ins Auto, händigten dann ohne besondere Begeisterung zu zeigen, Jupp die Hausschlüssel aus und verschwanden. Jupp dirigierte nun kurz das Auspacken und ins Haus schleppen des Gepäcks und setzte sich derweil schon mal in den Fernsehsessel, um kurz festzustellen, ob auch alle unbedingt notwendigen Programme empfangen werden konnten. Nach getaner Arbeit sprang er wieder auf, um auf keinen Fall den Moment zu verpassen, wo der Supermarkt seine Türen öffnete. Wenige Minuten später waren die nötigen Einkäufe erledigt und die Waren wurden ins Haus verbracht. Dortselbst machte sich meine Mutter dann auch sofort daran, ihren hausfraulichen Pflichten nachzukommen, also die Betten zu beziehen, das Mittagessen zu kochen, dreilagiges Toilettenpapier neben die Kloschüssel zu hängen und zu erkunden, ob die Eigentümer des Hauses gegebenenfalls die Eierlöffel ausgetauscht hätten, über deren Farbe man sich im Jahr zuvor schon arg geärgert hatte. Zwei Wochen später konnte man dann frühmorgens um sechs beobachten wie eine nach dem Urlaub total relaxte Familie die Koffer zum Auto schleppte, sich ein total relaxter Familienvater lautstark darüber ereiferte, dass das alles nicht in den Kofferraum passt, seine Familie anschnauzte, endlich schneller zu machen, und sich auf den Heim-Weg machte, natürlich nicht, ohne vorher noch die armen Holländer, die normalerweise Inhaber der Hausschlüssel waren, um kurz nach sechs aus dem Bett geklingelt zu haben, nur um auch ganz sicher zu stellen, dass diese auch mitbekamen, dass Jupp wusste, was sich gehört, zumindest in Bezug auf Pünktlichkeit, frühes Aufstehen und Fleiss. So begann und endete in der Regel jeder Urlaub. Der übliche Ablauf dieser Rituale war dabei ebenso unveränderlich starr wie das Ziel selbst. Auf der Rückreise, die der Entfernung gemäß so rund drei oder dreieinhalb Stunden in Anspruch nahm, war dann genügend Zeit, über all die jüngst erlebten Abenteuer zu sprechen, mit denen Jupp die Familienurlaube so gerne anreicherte. Da war zum Beispiel die Dampferfahrt von Stavoren zum gegenüberliegenden Städtchen Enkhuizen, die ich bereits mit fünf Jahren in Begleitung meiner Grosseltern gemacht hatte und die ich damals lobend erwähnt hatte. Diese Fahrt war also jedes Mal der Höhepunkt des Urlaubs und wurde rituell zelebriert. Das heisst, Tage vorher wurde aufgeregt nach der aktuellen Abfahrtszeit gefragt und der Preis ermittelt. Am grossen Tag der Expedition machte man sich dann gut eine Stunde vor Abfahrt des Schiffes auf zum ungefähr 100 Meter entfernten Hafen, um dort dann gut 50 Minuten das Schiff vom Ufer aus betrachten zu können. Während dieser Zeit wurde die Familie von fachkundigen Anmerkungen Jupps aufs Angenehmste unterhalten. Einzelne Schiffsteile wurden mit dem exakten nautischen begriff erklärt und etwaige Fragen nach dem Verwendungszweck wurden in aller Regel dahingehend beantwortet, dass der entsprechende Gegenstand entweder ein Rückschlagventil für einen Gänsearsch wäre oder alternativ ein Sprungbrett für

Flöhe darstellte. Damit versuchte Jupp entweder A) seinen unglaublichen Humor zu demonstrieren oder B) es sollte andeuten, wie dämlich man eigentlich sei, dass man das nicht selber wisse oder aber seine C) eigene völlige Ahnungslosigkeit bzgl nautischer Vorrrichtungen zu vertuschen. Jupp war stets überzeugt, jeder würde entweder Antwort A oder gar A+B als gegeben annehmen, jeder andere Mensch auf dem Planeten loggte sofort und unverzüglich Antwort C ein. Als dann die Gangway endlich zum Einsteigen freigegeben wurde, musste man natürlich als Erster drüberstürmen, um den besten Platz an Bord zu erwischen. Tumultartige Scenerien auf der Landungsbrücke mit den das Schiff verlassenden Personen waren dabei durchaus üblich. Die Fahrt dauerte dann gut eine Stunde, man verließ natürlich als erster das Boot, wobei es regelmässig zu tumultartigen Szenen mit Passagieren kam, die an Bord kommen wollten und einfach nicht verstehen wollten, dass man erst einmal die das Schiff verlassenden Passagiere passieren zu lassen hatte, wahrscheinlich um den besten Platz in

Enkhuizen zu ergattern und machte sich strammen Schrittes auf den Weg in die Geschäftsstrasse des Städtchens. Jupp nannte das dann einen Einkaufsbummel. Allerdings blieb weder zum Einkaufen noch zum Bummeln Zeit, denn jedes Mal, wenn meine Mutter ihre Schritte zu verlangsamen drohte, um mehr als einen Augenblick lang auf die Auslage eines Geschäftes zu schielen, wurde sie von Jupp mit den Worten, „kommst du denn , Anne" zur Eile angetrieben. Nachdem man also durch die Geschäftszone Enkhuizens gerast war wie eine wildgewordene Rinderherde durch Tumbstone, ermahnte Jupp den Rest der Familie, nun aber zügig zum Hafen zurückzulaufen, denn der Dampfer zurück nach Stavoren würde schon in weniger als drei Stunden ablegen. Wenn dann bereits die Anlegestelle des Dampfschiffes zu sehen war (das Schiff war natürlich noch lange nicht da) und noch gut zwei Stunden Zeit übrig waren, entfaltete Jupp die ganze Bandbreite seiner Großzügigkeit und spendierte der Familie ein Speiseeis, natürlich auf die Hand, da man ja zur Anlegestelle musste. Dort dann angekommen, stand

man sich die Beine in den Bauch, bis
am Horizont eine Rauchsäule zu sehen
war, die Jupp fachmännisch
kommentierte, indem er mitteilte, dass
dies wohl der Dampfer sei und man
Glück gehabt hätte, pünktlich zu dessen
Anlegemanöver da zu sein. In der
mehrere Stunden andauernden Wartezeit
auf das Schiff trafen immer mal wieder
weitere Personen und potentielle
Passagiere ein. Das Eintreffen dieser
Personen gab dann jedesmal einen
willkommenen Anlass, sich in höchst
unflätiger Art über Leute zu äussern, die
stets und überall auf den letzten Drücker
erschienen. In einigen Fällen schien
dieses Verhalten auch Rückschlüsse auf
den Geisteszustand, den Fleiss, die
Moral und die sexuelle Ausrichtung der
Person zuzulassen. Auf der Rückfahrt
legte sich Jupp dann zufrieden zurück
und sagte beifallheischend in die Runde
seiner Familie, es wäre doch immer
wieder schön, mal so gemütlich durch
Enkhuizen zu bummeln. Eine mögliche
Bemerkung meiner Mutter, an dem einen
oder anderen Geschäft hätte sie gerne
noch ein wenig gekuckt, wurde von Jupp
dann dahingehend kommentiert, daß er

im Ton allerhöchster Überraschung sagte „ Ja, warum hast Du dat denn nich gesagt". Damit war die Sache erledigt und der Tag konnte noch friedlich zu Ende gehen, jedenfalls wenn der Dampfer noch pünktlich in Stavoren ankäme, damit Jupp noch das superinteressante Dressurreitturnier in Grevenbroich Südsüdwest im TV sehen könnte. Aber die Dampferfahrt und gemütliche Bummel durch Enkhuizen waren natürlich nicht die einzigen Höhepunkte des Urlaubs. Wie immer stand natürlich auch noch eine Fahrt mit dem Auto nach Sneek an, einem etwas größeren Städtchen unweit von Stavoren. Schon alleine die Autofahrt dorthin war ein Erlebnis der anderen Art. Jedes Schild an der Strassenseite wurde mit unglaublich lustigen Bemerkungen kommentiert, die man natürlich alle schon ca. 870 mal gehört hatte, die aber jedes Mal wieder von einem Gelächter begleitet wurden, als sei der Begriff Witz speziell für diese Bemerkung erfunden worden sei. Um das Scenario etwas deutlicher zu machen sei folgende Situation beschrieben: Jupp fährt auf einer Schnellstrasse in Holland in

Richtung Sneek und die Ausfahrt, die einen direkt nach Sneek hineinführt kommt in Sichtweite. Nur ist diese Ausfahrt nicht mit dem gewohnten Wort „Ausfahrt" angekündigt sondern das Schild trägt die Aufschrift „Afrit". Sofortiges wieherndes Gelächter ist die Folge bei beiden Elternteilen begleitet von mindestens 9 hochhumorigen Bemerkungen über den Unterschied zwischen Autofahren und reiten und über die ja wohl offenkundige völlige Blödheit der Holländer, dass sie sich darüber nicht im Klaren sind. Das Gelächter darüber konnte durchaus einige Minuten weitergehen oder zumindest solange, bis sich Jupp kurz davor war, sich vor lauter Vergnügen ins Feinripp zu machen ohne dass auch nur einer meiner Eltern auf die Idee gekommen wäre, dass es ja nun so ziemlich den Gipfel einfältigster Dämlichkeit bildet, sich darüber minutenlang schenkelklopfend zu begeistern, dass andere Länder ihre Autobahnausfahrten in Landessprache beschriften. Da Jupp ja seinen eigenen Ausführungen gemäss stark multilingual veranlagt war, wundert es einen eigentlich, dass ihm diese Sache nicht auch einleuchtete. Jemandem, der das nie hautnah erlebt hat, ist es nur schwer zu verdeutlichen, wie sehr einem dieser unglaublich anmutende Humor auf den Zeiger gehen konnte, aber man stelle sich mal folgende Scenerie vor: Jupp fährt mit seiner Familie von Stavoren nach Sneek, benutzt dabei für rund 25 km den Snelweg. Diese holländische Autobahn hat ungefähr alle zwei bis drei Kilometer eine Abfahrt oder, wie wir weiter oben gelernt haben, Afrit. Das sind also rund zehn Abfahrten auf dem von Jupp befahrenen Teilstück und damit also zehn Mal die gleiche Zurschaustellung höchster Humorigkeit, bevor man endlich erlöst wird von gewaltigen meckernden Lachsalven, wilder Schenkelklopferei und Anmerkungen über die völlige Humorlosigkeit des komischen Heiligen auf der Rücksitzbank.

Kapitel x

Wortwitz und Humor: Jupp und der Brachial-Humorismus

Im vorangegangenen Kapitel bin ich ja bereits auf Jupps Präferenz bzgl.

Humoristischer Wortspiele eingegangen. Diese herausragende Eigenschaft Jupps lädt geradezu dazu ein, näher auf sie einzugehen. Eigentlich betrifft diese Eigenschaft sogar beide meiner Eltern nahezu gleichermassen. Es gibt ja nun sattsam humoristische Duos, Witzbolde, die zu zweit auftreten, um sich jeweils die Bälle humoristischer Perlen zuzuspielen - Pat und Patachon, Dick und Doof und so weiter. Meine Eltern waren Beide für sich allein genommen schon ein gespielter Witz, im Zusammenspiel dann einfach unglaublich. Besondere Gipfel feinsinnigsten Humors erklommen die Beiden dabei oft im Verfremden von Wörtern oder in der mehr oder weniger bewusst eingesetzten falschen Aussprache von Worten, meist ausländischer Begriffe, gerne holländisch. So war es zum Beispiel wohl im Jahr 1964 im holländischen Küstenstädtchen Stavoren, in dem sich meine Eltern in den ortsansässigen Supermarkt begeben hatten, um ein paar notwendige Nahrungsmittel zu erstehen, als einer der schillerndsten humoristischen Perlen der Neuzeit ihren

Anfang nahm. Im kleinen Supermarkt durchschritten also meine Eltern mit mir im Schlepptau die Gänge, machten abfällige Bemerkungen über die Waren, die allesamt angetan waren zu unterstreichen, dass hier ein paar Herrenmenschen in der dritten Welt unterwegs waren, als sie unter Anderem am Regal mit dem Bohnenkaffee ankamen. Dort stand ein grosser Vorrat an Packungen der niederländischen Kaffeerösterei „Douwe Egberts" in Reih und Glied. Ein Blick meiner Eltern und einer der Beiden las die Aufschrift laut vor. Der Vorleser las aber ob mangels Fähigkeit, den Namen richtig auszusprechen oder in voller Absicht, um etwas Abfälliges von sich zu geben: „ DOOFE EGBERT". Sofort und ohne Verzögerung setzte bei beiden Witzbolden wieherndes Gelächter ein und ein paar Holländer, die in den Nachbargängen entweder ebenfalls mit Einkaufen beschäftig waren oder die Regale auffüllten schauten etwas irritiert um die Ecken. Selbst unter dem Aspekt betrachtet, dass meine Eltern aus Köln kamen und durch die dort ja alljährlich stattfindenden Karnevalssessionen nachhaltig indoktriniert waren und sich die Humorschwelle deshalb schon auf unterstem Basisniveau befand, war die ungewohnte Heftigkeit der Zwerchfellattacken im holländischen Supermarkt kaum zu erklären. Mit aus Luftmangel hochrotem Kopf und Tränen des Lachens über beide, äh alle vier, Wangen laufend verliessen die zwei Komiker den Laden und kamen, immer wieder von Lachkrämpfen geschüttelt im angemieteten Feriendomizil an. Zwei Jahre später dann, wieder im holländischen Stavoren wurde dieser geniale Wortwitz praktisch geadelt, als er seine eintausendste Wiederholung erfuhr. Die ultimative Beförderung in den Humor-Olymp erfuhr dann diese Perle des Wortwitzes, als kurz nach der Jahrtausendwende Philips in Zusammenarbeit mit dem niederländischen Kaffeeröster seine neue Kaffeemaschine Senseo auf den Markt brachte. Zunächst gab es dann für diese Pad-Maschine ausschliessslich Kaffeepads der kooperierenden Firma „Douwe Egberts" . Ratzfatz witterten meine Eltern die Möglichkeit, eine wunderbare Wiederauferstehung ihres den tiefsten Katakomben ihres Humorzentrums entwundenen Witzes aus dem Jahr 1964 zu feiern, möglicherweise ja mittlerweile mit einem ganz neuen Publikum, denen bis zu diesem Zeitpunkt Zwerchfell-Muskelkater noch völlig fremd war. Aber auch mir, obwohl ich der Geburtsstunde des Referenzwitzes beigewohnt hatte, blieb es nicht erspart, das Wortspiel immer und immer wieder ertragen zu müssen. Ich hatte dann auch schnell mehr Angst vor Speiseröhren-Verätzungen wegen intensiven Kotzens als vor Zwerchfell-Muskelkater. Ein Eintrag ins Guiness-Buch der Rekorde unter der Rubrik „meistzitierter Schwachsinn aller Zeiten" wird derzeit noch in Erwägung gezogen. An anderer Stelle im vorliegenden Buch, der Beschreibung von Tugend Nr. 7 ist von Jupps intuitiver Fähigkeit, Latein zu lernen die Rede. Nun, von dem römischen Dichter Horaz scheint er wohl nicht gehört zu haben, denn diesem ist das Zitat „**Bis repetita non placent**" zu verdanken. Für alle mit weniger Sprachbegabung als Jupp hier die Übersetzung „ Wiederholungen gefallen nicht". Nun ja, selbst Jupp kannte eben wohl nicht alle römischen Dichter und Denker. Zurück zum unwiderstehlichen Humor meiner Eltern. Ich bediene mich an dieser Stelle einmal einer Erkenntnis des Begründers der Psychoanalyse Sigmund Freud: Die »Witzarbeit«, so Freud, bediene sich einer »Abweichung vom normalen Denken, der Verschiebung und des Widersinns. Ich muss dem berühmten Analysten hier energisch widersprechen. Bei meinen Eltern bediente sich die „Witzarbeit" keineswegs der Abweichung vom normalen Denken, vielmehr begründete sich die Witzarbeit meiner Eltern auf das völlige Fehlen jeden Denkens und statt des von Freud postulierten Widersinns bedienten sich meine Eltern einfach des blanken Unsinns.

Aufgrund des durch und durch humorvollen Naturells von Colonia Jupp könnte man nun auf die Idee kommen, dass einige der haarsträubenden Geschichten um Jupp nur falsch verstandene geniale Witze waren. Dem allerdings steht entgegen, dass Jupp zwar sehr gerne über sich lachte, aber dabei nur über einen der genialen Wortwitze,

163

die er gerade mal wieder gerissen hatte. Auch über einen krachenden Furz am Esstisch, für den Jupp extra seinen Hintern ca. zehn Zentimeter vom Sitzkissen gelüftet hatte, damit die höchstmögliche Entfaltungsqualität gewährleistet war, konnte Jupp herzlich und lange lachen. Je mehr Leute grün anliefen, desto genialer war der Witz. Aber über sich im Sinne von „Gegenstand des Spotts oder Gelächters" konnte Jupp gar nicht lachen. Das war ihm noch nicht einmal ein müdes Arschbackenrunzeln wert.

Der fromme Dressmann (siehe auch „der doofe Egbert")

Um diesen wundervollen Wortwitz, dem doofen Egbert nicht unähnlich, in seiner vollen humoristischen Bandbreite verstehen zu können, sollte man idealerweise der kölschen Mundart zu sprechen oder verstehen mächtig sein. Für nicht Kölschsprechende erkläre ich die wesentlichen Eckpfeiler des Jahrhundertwitzes im Folgenden. Dress ist das kölsche Wort für Scheisse. Fromm wiederum ist das kölsche Wort für fromm. Nun gibt es in Holland, wo wir regelmässig den Sommerurlaub verbrachten eine Kaufhauskette, die im Jahr 1887 von Willem VROOM und Anton DREESMANN gegründet wurde und, was ja nun nicht völlig absurd ist, Vroom & Dreesmann heisst. Als meine Eltern dieses Namens in den späten 60er Jahren angesichtig wurden, fiel Ihnen natürlich nur die ähnliche Buchstabenfolge von Drees aus Dreesmann und eben dem kölschen Dress auf. Vroom und fromm sind ja nun tatsächlich ähnlich gelagert, was die Buchstabenfolge und den Wortklang angeht und so wurde in den Augen meiner mit einem feinsten Gespür für Humor gesegneten Eltern sofort aus Vroom & Dreesmann „der fromme Dressmann". für Nichtkölsche noch mal zur Erinnerung bedeutet das soviel wie der fromme Scheissmann. Neben dem weiter vorn bereits gewürdigten „doofe Egbert" für den niederländischen Kafferöster „Douwe Egberts" war das über Jahrzehnte hinweg ein stets munter sprudelnder Quell ungetrübter und ausgelassenster Heiterkeit. Wie man so schön sagt: Humor ist wenn man

165

trotzdem lacht. Etwas, das mir mit der Zeit vergangen war, da ständig über mich selbst Witze mit ähnlich intellektueller Orginalität gerissen wurden.

Kapitel 14

selbstverständlich verfügte Jupp auch über eine geradezu universelle Allgemeinbildung, wie er nicht müde wurde zu erwähnen, und zur Unterstützung dieser These gerne mal anführte, wie absolut blödsinnig sich Jugendlicher A bei dieser oder jener Frage mal wieder angestellt hätte. Gut, die verschiedenen Pisa-Studien lassen sicher nicht Alles in positivstem Licht erscheinen, aber den Grad der Allgemeinbildung davon abhängig zu machen, ob ein nach 1990 geborener Mensch in der Lage ist, mit heutzutage gar nicht mehr gebräuchlichen Masseinheiten hausieren zu gehen, halte ich für reichlich einfältig. Geradezu erschreckend war es dann, wenn Jupp bei irgendeinem gesellschaftlichen Ereignis eine Aussage mit den Worten „Neulich beim Günther Jauch..." begann. Folgen konnte dann nur wieder eine

Geschichte über einen Kandidaten, der etwas nicht sofort wusste, was Jupp selbst im Tiefschlaf hätte beantworten können. Das übliche Gesülze über Allgemeinbildung folgte dann in der Regel unmittelbar darauf. betrachtet man einmal, wie es wohl ausgesehen hätte, wenn Jupp selbst einmal in dieser Sendung dabeigewesen wäre. Man liegt also bewaffnet mit einer Flasche Bier und der TV-Fernbedienung auf der Couch und schaltet die Glotze ein und der Jingle von „Wer wird Millionär" erscheint sogleich aus den Lautsprechern. Günther Jauch betritt die Bühne, das Publikum applaudiert und die Sendung beginnt. Der Moderator stellt zunächst die 10 Kandidaten des Abends vor. Der zehnte Kandidat, und hier hätte es mich sicher durchzuckt wie bei einem Stromschlag, wird als Josef Bielenberg aus Köln vorgestellt. Colonia Jupp, oh Gott, wo nur kann ich bis morgen früh meinen Namen ändern lassen, wären meine Gedanken gewesen. Günther Jauch verkündet die Frage, nach der sich entscheidet, welcher Kandidat auf den heißen Stuhl darf. Die Frage lautet: „ welches Land hat die meisten

Brotsorten zu bieten. Beginnen sie mit der niedrigsten Anzahl a) Vietnam B) Brasilien C)USA D) Deutschland. Nach 9,4 Sekunden steht fest, Jupp ist der Spielkandidat um die Million. Mit hochkonzentriertem Blick steht Jupp auf und schreitet würdevoll hin zu Günther Jauch, der ihn auf der Bühne willkommen heisst und Jupp fragt, ob er denn irgendetwas mit dem Bäckergewerbe zu tun hätte. Nein, meint Jupp, ich bin ja Schreiner von Beruf, aber ich bin eben viel rumgekommen in meinem Job und dann hat vor kurzem, als mein Neffe Mukto bei mir zu Besuch war.... an dieser Stelle unterbricht Günther Jauch Jupp und geleitet ihn zu seinem Sessel. Jupp setzt sich und Günther Jauch richtet erneut das Wort an ihn: Wen haben sie uns denn heute Abend mitgebracht, Herr Bielenberg? Das ist der Hubert Bielstein, von dem ich mein Wochenendhaus auf Hammen gemietet hatte, aber sie können Jupp zu mir sagen, Herr Jauch".

Okay, erwidert Günther Jauch, wollen wir denn mit der ersten Frage beginnen?"

„Ja klar, Herr Jauch, schießen sie los"

„gut, Jupp bis wann liegt jemand sprichwörtlich im Bett, wenn er ein Langschläfer ist? A) bis in die Gruppen B) bis in die Schuppen C) bis in die Fluppen oder D) bis in die Puppen.

Jupp grinst breit und ein wenig arrogant und brüllt „D natürlich, bis in die Puppen, so wie mein ältester Sohn, ich habe nämlich vier Kinder großgezogen, müssen sie wissen, Herr Jauch, der liegt auch immer mit dem Hintern bis in die Puppen im Bett".

Gut, Jupp, ich logge also D ein und das sind ihre ersten 50 EURO. Kommen wir geschwind zur nächsten Frage für 100 EURO. Wie lautet üblicherweise die Buchstabenkombination am Ende einer deutschen Internetadresse? A) WWW B)DE C)INT D) PC

Jupp kommt ins Grübeln, nimmt einen Schluck Wasser und teilt mit, er beabsichtige nun, den Telefonjoker zu ziehen. „Gut" meint Günther Jauch, „wen wollen Sie denn anrufen?"

„Ach, ich rufe dann den Rich an" „Aha, und dieser Rich kennt sich also mit Internetfragen aus?". Ja klar, tönt Jupp, „der Rich hat eine jute Allgemeinbildung". „Wie heissst denn der Rich weiter?" Will nun Jauch wissen, um ihn angemessen ansprechen zu können. „Richard Paul" erklärt Jupp. „Was ist denn nun der Vor- und was der Nachnahme" will Jauch wissen. „ Ja Richard is der Vorname, darum ja nun Rich. „OK, dann rufen wir mal Herrn Paul an" und wählt auch schon die Nummer. Es tutet mehrere Male in der Leitung und dann meldet sich eine schnarrende Stimme mit „Paul!!!"

„ja, guten Abend, hier ist Günther Jauch... weiter kommt Jauch nicht, denn sie schnarrende Stimme brüllt in den Hörer „ Wer? Kenn ich nit, un ich kaufe nix" damit wird die Leitung einseitig unterbrochen und Günther Jauch sitzt mit einem recht ratlosen Gesichtsausdruck auf seinem Moderatorensessel. „na gut, dann versuchen wir noch mal unser Glück" und wählt erneut die Rufnummer, wieder schallt es aus dem Hörer „ Paul" Hören sie Herr Paul, bevor sie wieder auflegen, der Herr Bielenberg sitzt hier bei mir und benötigt ihre Hilfe" „Wer?" brüllt es aus dem Hörer und Jupp macht Jauch klar, er solle zu Rich sagen, Jupp säße hier. „der Jupp" insistiert Jauch also am Telefon und Rich scheint zu verstehen. „ Ach der Jupp, ja, dat es e prima Käääl, demm hellefe ich natürlisch jähn. Um wat jet et dann?" „na ja, meint Jauch, im Moment noch um 100 EURO, an der Jupp etwas hängt. „Ahsu, ja nun, is ja viel jeld. Aber dem Jupp können se janz beruhicht Jeld anvertrauen, da bruchen se jakein Sorjen zu haben drum". „ Nun ja, Herr Paul, im Falle des Sieges bekommt er das Geld ja nicht geliehen, sondern sozusagen geschenkt, das braucht er nicht zurückzuzahlen".erklärt Jauch „Ja, dat is ja noch besser, obwohl der Jupp is jo einer, der sich nit jähn jet schenke läss. Nu ja, dann mal rüber mit der Frage". „Kennen sie sich denn mit Internet aus?, Herr Paul, will Jauch noch wissen. „Ja klar dat, kein problem." „ Gut dann stellt Jupp ihnen nun die Frage. Jupp begrüsst erst einmal seinen alten Bekannten und Rich fragt zurück, ob er denn nun neue Informationen hätte über die Rentenzahlungen. „ja klar, sagt Jupp,

„Ich habe alle Unterlagen raujesucht und die Statuten sagen da ganz klar.... aber nun die Frage. Jupp verliest noch einmal die Frage nach der Buchstabenkombination und Rich überlegt kurz, während die Uhr läuft. „Ja, Jupp" tönt es dann aus dem Hörer, „Ich weiss et auch nit so jenau, aber damals in dem Dackelzüchterverein, die waren ja auch im Internet, da meine ich, dat da sowat wie www. Oder VVV. Am Anfang kam. Damit ist die Zeit abgelaufen und die Vertbindung wird unterbrochen. Günther Jauch schaut fragend auf Jupp und dieser will sich spontan für die Antwort WWW entscheiden, wird aber von Jauch aufgehalten, der zu bedenken gibt, dass der Rich etwas von vorne gesagt habe, und die Kombination am Ende gefragt sei. Jetzt ist guter Rat teuer und Jupp zieht auch noch den Fifty-Fifty-Joker. Uff, stehen bleiben nur die antworten DE und INT. Jupp denkt nun laut nach. „Naja, INT könnte ja für Internet oder International stehen, aber et jeht ja um deutsche Adressen. Am besten, ich frage noch das Publikum, oder habe ich schon zuviel jesacht?" „Nein nein" wiegelt

Jauch ab, ich gehe von 100 % aus, wenn sie das Publikum fragen. Das Publikum wird gefragt und entscheidet sich zu 99,9 % für DE. Ein Lacher im Publikum ertönt und Jupp ist verunsichert. „ er sinniert so vor sich hin „ ist zwar viel, so 99,9 %, aber manchmal hat dat Publikum sich ja auch schon vertan. Vielleicht sollte ich doch lieber die 50 Mark nehmen und aufhören. 50 Mark sin immerhin 50 Mark, verlieren und wieder finden sind schon 100, haben und nithaben schon 200". Jauch wirkt verzweifelt und erfleht geradezu eine Werbepause. 10 Werbungen und fünf Minuten später geht die Show weiter und Günther Jauch lässt sich soeben erklären, wie Jupp in seinem geistreichen und humorvollen Wortspiel dabei angekommen ist, dass die ehemals 50 Mark, mittlerweile auf stattliche 25,600 Mark angewachsen, im Spiegel betrachtet ja dann schon 51.200 Mark seien. Jauch unterbricht an dieser Stelle mit einem deutlich gequälten Schluchzen Jupps Redefluss und weist darauf hin, dass es in der aktuellen Show um den Gewinn von EURO ginge, nicht mehr um D-Mark.

„klar", meint Jupp daraufhin, „ wenn ich Mark sage, meine ich immer EURO. „Aha, sagt Jauch" und was sagen sie dann, wenn sie über Dollar sprechen?" „Natürlich Dollar, ich bin ja nicht blöd" tönt Jupp und bittet Jauch, nun doch die Antwort DE einzuloggen. Dankbar loggt Jauch ein und verkündet Jupp, dass er nun schon 100 Euro gewonnen habe. Die nächste Frage kommt sogleich und lautet: wie ist das Wortgeschlecht des Substantivs AUTO A) femininum B) neutrum C) Maskulinum oder D) Borkum. Jupp ist wieder stark verunsichert und weiss erst einmal nicht, was ein Substantiv ist. „ „ein Hauptwort" hilft Jauch aus und Jupp beginnt zu verstehen. „also is Auto ein Hauptwort und ein Substantiv" Jauch bestätigt diese Schlussfolgerung und Jupp sinniert über die mögliche Antwort „ Auto, ja nun Autos haben doch jar kein Geschlecht und Magnum ist doch so ein komischer Fernsehdetektiv in Manhatten, is doch Quatsch". Hawaii, verbessert Jauch und hilft nocheinmal aus oder meint es zumindest, hilfreich zu sein, indem er Jupp fragt, welcher Artikel denn dem Auto vorangestellt wird, der, die oder

174

das? „Wer wie was?" fragt Jupp, natürlich der, wat denn sonst. „Nun, das wäre ja nun maskulinum, erklärt Jauch und Jupp entscheidet sich eben für Antwort C, was natürlich falsch ist und Jupp rastet schier aus vor Wut, wirft Günther Jauch vor, ihn aufs Glatteis geführt zu haben, da das wohl mit der neuen Rechtschreibung geändert worden wäre, droht mit seinem Anwalt und gönnt sich einen lauten und farbenfrohen Abtritt, während einige Kilometer entfernt seine Tochter froh darüber ist, mit ihrer Hochzeit einen anderen Namen bekommen zu haben und sein in Köln wohnender Sohn sich vor Telefonanrufern kaum retten kann, die ihn zu diesem herrlichen Idioten als Vater beglückwünschen wollen.

Kapitel 15

Das weisse Dadmobil und das Geheimnis der S-Einstellung mittels Tastendruck.

Neben seiner investigativen Natur aber war Jupp immer ein Mensch der Ruhe und Gemütlichkeit, wie er immer betont, wenn er zum Beispiel darüber referiert, dass er es ablehnt, Autobahnen zu

benutzen und statt dessen das gemütliche
Fahren über die Landstrassen präferiert.
Der Gipfel höchster Gemütlichkeit ist
dann wahrscheinlich für ihn erreicht,
wenn er 20 Kilometer weit auf einer
kurvigen Landstrasse hinter einem
Rübentraktor herschleicht. Wenn es nach
Jupp ginge, würde an den
Autobahnauffahrten überall ein Schild
mit dem Hinweis „Ende der
Gemütlichkeitszone" stehen. Nun gut,
Jupp fährt sowieso nicht gerne schnell
und sein alter Opel Vectra Automatic
scheint ja auch nicht gerade auf
besondere Sportlichkeit beim fahren
hinzudeuten. So sollte man jedenfalls
denken, aber dem ist ganz und gar nicht
so, wenn man je einer von Jupps Vectra-
Geschichten aufmerksam lauscht.

Diese Geschichten hören sich etwa wie
folgt an: Die frühmorgendliche Sonne
stand noch tief, hatte noch lange nicht
die Kraft, den auf den Feldern liegenden
Frühnebel aufzulösen, als Colonia Jupp
bereits seit mehr als einer halben Stunde
hellwach, mit seinem nach außen hin
völlig normal, wenn nicht gar
unscheinbar wirkenden Opel Vectra die
Landstrassen seines Reviers im

bergischen Land abfuhr. Seit einigen
Jahren nun wohnte Colonia Jupp nicht
mehr in seinem Heimatrevier in Köln,
wo man ihn auch unter dem Titel „Der
Hai von Köln Vingst" kannte und sich
sicher auch noch schaudernd seiner
erinnert. Die Landstrasse war zu dieser
frühen Morgenstunde noch leer, die
Rolladen der meisten Menschen mit
weniger Energie, als Jupp sie besaß
waren noch heruntergelassen und
zeugten von der gnadenlosen Faulheit
der Menschen. Jupp zog seine
gewohnten Bahnen, die Tageszeitung
„Express" und Brötchentüte auf dem
Beifahrersitz. Eine rote Ampel ließ
Colonia Jupp verkehrsgerecht stoppen.
Im nächsten Moment stand ein anderes
Fahrzeug neben ihm auf der
Überhohlspur. Ein kurzer Blick aus
stahlblauen Augen zeigten Colonia Jupp
einen dicken BMW (manchmal war es
auch ein Mercedes) mit einem jungen
Schnösel auf dem Fahrersitz, den rechten
Arm um eine aufgedonnerte Blondine
(ganz wichtig ist, dass es eine Blondine
ist und die zudem natürlich
aufgedonnert, was in Jupps Augen ein
Ausdruck für tiefste Verachtung

darstellt)gelegt. Der Motor des Schnöselmobils heulte auf, als dieser mit seinem rechten Fuss am Gaspedal rumspielt. Jupp merkt, dass dieser Knilch vorhat, nach dem Umschalten auf grün, schneller loszuziehen als er um sich damit vor Jupp auf dessen Spur zu mogeln, da die beiden Spuren der Fahrbahn sich wenige Meter weiter zu einer Spur verengen., aber Colonia Jupp wäre nicht Colonia Jupp, bliebe er dabei nicht die Ruhe selbst. Als das bayrische Gaspedal aber dann zum wiederholten Male provozierend durchgetreten wird und ein Aufheulen des Motors zur Folge hatte weiss Colonia Jupp sofort „Der wills wirklich wissen" und jeder, der Colonia Jupp kennt weiss ebenso genau, dass der junge Heisssporn seinen vielen Vorgängern gleich, die allesamt in die ‚Stadt gekommen waren, um sich mit dem alten Kempen zu messen, gedemütigt und wahrscheinlich heulend auf die Motorhaube seines bayrischen Sportwagens eindreschen wird, wenn Jupp mit ihm fertig ist. Lässig greift Jupp zur S-Taste seines weissen Feuerstuhls und ein wölfisches Steve McQueen Grinsen umspielt kurz sein

männlich herbes Gesicht. Nach außen
hin die Ruhe selbst wartet Colonia Jupp
auf das Startsignal durch die Ampel,
während sein Feuerstuhl die zusätzlichen
PS und den Turboboost bereitstellt.
Jupps Gesicht bleibt dabei das gewohnt
steinerne Pokerface, nur ein leichtes
Zittern durchläuft Colonia Jupps faltigen
Hintern, als das ganze Powerpaket zum
Einsatz bereitsteht. Dann endlich ist es
soweit, die Ampel gibt flackernd das
Startsignal und hinterlässt den Heissporn
mit einem ausgesprochen blöden
Gesichtsausdruck, ähnlich dem eines
japanischen Kugelfisches kurz vor dem
Verzehr, während Colonia Jupp bereits
am Horizont verschwindet, nur den
Gummiabrieb seiner durchdrehenden
Reifen hinterlasssend. Die aufgedonnerte
Blondine befreit sich aus dem Recarositz
des BMWs steigt aus und wirft einen
etwas sehnsüchtigen Blick in die
Richtung, in der Jupp soeben
entschwunden ist. Während der
gedemütigte BMW Fahrer noch darüber
grübelt, wie er mit dieser Schande fertig
werden soll, ohne sich dabei dem Suizid
hinzugeben, fährt Colonia Jupp im
Bewusstsein der Tatsache, dass er es

wieder einmal einem so richtig gezeigt
hat weiter die Landstrasse lang und
überlegt, ob er sich als nächstes OTTO
oder die Telekom vorknöpfen soll. Es
war dem herzensguten Jupp seit jeher ein
Rätsel, dass diese jungen Schnösel es
einfach nicht kapieren wollten, dass
unausweichlich passiert was immer
passiert, wenn sich einer mit Colonia
Jupp anlegt. Dutzende waren schon ins
bergische Land gekommen, um sich mit
der Legende zu messen. All ihre
aufgemotzten Fahrzeuge, dicke BMW,
Mercedes, Golf GTI, Trabant und
verschiedene landwirtschaftliche
Nutzfahrzeuge hatten sich allesamt mit
den davonhuschenden Rücklichtern des
weissen Batmobils begnügen müssen.
Geradezu unglaublich muten da
teilweise Jupps zusätzliche
Erläuterungen bezüglich der
Motorleistungen seines Schrotthaufens
und seiner angeblichen Verbrauchswerte
an, die praktisch so niedrig sind, dass
man glauben könnte, das Gerät würde
mit Solarenergie betrieb

Kapitel 17

180

*in dem ich versuche, ein, zwei Sätze mit
positivem Inhalt über Colonia Jupp
einzufügen.*

Es fällt nicht leicht, nach all den
Kapiteln, die teilweise - ob gewollt oder
nicht sei dahingestellt - eine negative
Unterströmung erahnen liessen, nun zu
einem versöhnlichen Ende zu kommen.
da ich aber nicht den Eindruck erwecken
möchte, in irgendeiner Art und Weise
nachhaltig verstimmt zu sein, nun das
ganze Positive in geballter Form. Jupp
hat in seinem Leben als Schreiner
wirklich sehr viel gearbeitet, was - und
nun kommen wir zum Positiven, zur
Folge hatte, dass er meistens zumindest
tagsüber nicht da war. Ok, wir hatten
auch alle immer genug zu Essen und
zumindest in meinem Fall sieht es ein
wenig danach aus, als wenn es zuweilen
etwas mehr als genug gewesen wäre.
Das kann man allerdings getrost auch
über ein anderes Mitglied aus Jupps
vierköpfiger Kinderschar behaupten. um
dieses Kapitel nicht geradezu lächerlich
klein aussehen zu lassen, sei noch positiv
vermerkt, dass Jupp nicht zu
Gewalttätigkeiten neigte, So, nun muss
aber auch mal gut sein. Schluss aus -

ENDE

ach, ehe ich es vergesse. Colonia Jupp hat weder mich noch meine Geschwister jemals genötigt, sonntags morgens in den Gottesdienst zu gehen, noch hat er uns sonst mit irgendwelchen christlichen Gepflogenheiten wie dem Besuch von Weihnachtsmessen und dergleichen penetriert. das sollte man ihm schon zugutehalten.

Nachwort:

nachdem ich nun gut 180 Seiten lang über meine Eltern oder vorrangig über meinen Vater berichtet habe, könnte eventuell der Eindruck enstanden sein, dass bei mir eine kaum vernehmbare leichte Spur von Unzufriedenheit über die beschriebenen Erziehungsmethoden besteht. Um dem Vorwurf unbegründeter und nachrufmordender Boshaftigkeit zu entgehen, möchte ich hier darauf hinweisen, dass ausser bei Kapitel 14, das nur ein Gedankenspiel basierend auf Jupps allseits bekannten Verhaltensparametern ist, alle Geschichten reale Grundlagen haben.

um einem ähnlichen Schicksal durch die Feder (oder PC-Tastatur) meiner Tochter zu entgehen möchte ich ihr hier noch schnell dafür danken, dass sie mich mit der Idee infizierte, die abstrusen Geschichten meiner Kindheit in eine Buchform zu bringen.

nun muss ich wohl noch darauf hinweisen, dass man die beschriebenen Praktiken zur Erziehung eines Kindes zu Hause AUF KEINEN FALL nachmachen sollte.

Nachwort:

Es ist nicht leicht, folgende Situation in einer Art und Weise in Worte zu fassen, die weder pietätlos noch gefühlskalt wirkt. Jupp verstarb nach kurzer Krankheit und kurzem

Krankenhausaufenthalt im Dezember 2009. Trotzdem vielleicht beim Lesen der Eindruck entstanden sein könnte, dass mein Verhältnis zu ihm eher problematisch verlaufen ist, empfand ich

es als traurig und ich hätte ihm durchaus
noch einige Jahre gegönnt, in denen er
mich und meine Geschwister mit seinen
teils schon schrägen Meinungen hätte
penetrieren können. Leider kam es
anders und wir, das heisst real eigentlich
besonders meine Schwester mussten eine
Beerdigung in die Wege leiten. Wir (die
Kinder) hatten bereits fünf Jahre zuvor
beim Tod unserer Mutter eine
Doppelgrabstätte erstanden und so
wurde unmittelbar neben der letzten
Ruhestätte seiner Frau die Grube für
Jupps letzte Ruhestätte ausgehoben. Im
Prinzip natürlich kein Problem für
erfahrene Friedhofsmitarbeiter, kam es
aber in diesem Fall bei der Beerdigung
zu der Situation, dass die Abmessungen
von Sarg und Loch im Boden nicht
optimal aufeinander abgestimmt waren.
Jupps Sarg passte nicht so richtig neben
den seiner Frau und so kam es
letztendlich zu einer leichten Schräglage
im Grabloch, die aber allgemein toleriert
wurde. Dennoch war es für all
diejenigen, die Jupp näher kennen
gelernt hatten, irgendwie wie der letzte
Gruss eines Querkopfs, der hier posthum
visualisiert wurde. Ruhe wohl, Colonia

Jupp, ein wenig schräg drauf warst du dein ganzes Leben lang schon. Und auch wenn ich sicher bin, die gesamte in gerechter Entrüstung aufgebaute Argumentationskette zu kennen, die Jupp herangezogen hätte, um schwarz auf weiss zu beweisen, wie absurd die einzelnen Passagen des Buches doch seien, kann ich an dieser Stelle darauf hinweisen, dass viele der Zeitzeugen erstens noch leben und zweitens im Vollbesitz ihrer geistigen Kapazitäten sind, oder wie Jupp sagen würde, sie alle im Christbaum haben. Ausserdem möge Jupp bedenken, dass nicht jedem die Ehre einer in Buchseiten gebundenen Würdigung zuteil wird.

Nun muss aber auch mal gut sein. für so ne „komische Hellije" war das schon ne Menge Schreiberei und jetzt höre ich mir ein paar Dschungelbuch-Hits auf MEINEM Plattenspieler an. trinke einen Kaffee, den ich in MEINER Kaffeemaschine mache, fläze mich dazu auf MEINE Couch und wenn mir danach ist, kratze ich mich entspannt an MEINEM......

Kopf.

Sozialbausiedlung an der Waldstrasse in Köln - Vingst. Hier, verborgen hinter der eher unscheinbaren Fassade, erblühte über einen Zeitraum von rund fünfundzwanzig Jahren Jupps Herrschaft, hier wuchsen Kinder heran, und hier spielten sich die Dramen des Alltags ab. Nimmt man die wenig schmeichelhafte Bezeichnung ernst, die mir meine Eltern verliehen hatten: „De komische Hellije" dann wurde hier auch die spirituelle Seite sattsam befriedigt.

Herstellung und Verlag:
BoD - Books on Demand, Norderstedt
ISBN 978-3-7460-6175-7